Ammianus-Verlag

Michael Kuhn

geb. 1955, studierte Geschichte und Politische Wissenschaften an der RWTH Aachen und war neben seinem beruflichen Werdegang als Historiker auch in der Archäologie beschäftigt. 2008 gründete Michael Kuhn den AMMIANUS-Verlag, wo er seine eigenen Bücher und Werke anderer Autoren publiziert. Gemeinsames Kennzeichen seiner schriftstellerischen Tätigkeit ist die Verknüpfung von archäologischen Erkenntnissen und Realgeschichte mit fiktiven Ereignissen. Das Hauptanliegen des Autors ist es, Interesse und Verständnis für die Historie und die archäologischen Hinterlassenschaften zu wecken.

Impressum

2. überarbeitete Auflage Mai 2018

Umschlaggestaltung: Thomas Kuhn
Karten und Grafiken: Helen Hermens
Fotos: Thomas Kuhn, Michael Kuhn, Joachim Starke, mit freundlicher Genehmigung Naturzentrum Eifel in Nettersheim und Römische Villa Borg
Lektorat: Melanie Kaesler
Satz & Layout: Thomas Kuhn
Druck: tz-verlag
Printausgabe-ISBN: 978-3-945025-60-4

www.ammianus.eu
www.facebook.com/AmmianusVerlag

Michael Kuhn

Der Geschmack des Weltreichs

Einführung in die römische Küche

Inhaltsverzeichnis

Vorwort

Liebe Leserinnen und Leser,

dies ist nicht das erste und mit Sicherheit auch nicht das letzte Buch, das über die römische Küche geschrieben wurde. Es ist aber eine der ersten Betrachtungen, die sich bewusst an den interessierten, römerbegeisterten Laien wendet.

Die orgiastischen Gelage, die Sueton und Petronius in all ihrer Entartung beschreiben, stehen, falls sie überhaupt jemals so stattgefunden haben, nicht im Mittelpunkt. Mit gepfefferten Eidottern umhüllte Feigenschnepfen, gefüllte Jungsaugebärmütter, Pfaueneier, gebratene Nachtigallenzungen oder mit Mandeln und Honig bestreute Haselmäuse mag es gegeben haben: Sie gehörten jedoch nicht zum Standardrepertoire der römischen Küche.

Ein Hauptaugenmerk liegt auf den Speisen, die in den Schüsseln und Tellern der Land- und Stadtbevölkerung und der Soldaten in den nordwestlichen Provinzen zu finden waren.

Die Darstellung konzentriert sich auf Rezepte, die leicht nachgekocht werden können. Unabhängig von Ihrem Vorwissen sollen Sie die Möglichkeit erhalten, den typischen Geschmack einer untergegangenen Epoche mit den gebräuchlichen Mitteln nachzuvollziehen.

Vorspeisen, Hauptspeisen, Desserts und Getränke beschränken sich auf Klassiker der damaligen Kochkunst, die das Herz eines Römers erwärmten. Es wird Ihnen auf Anhieb gelingen, Ihren Gästen ein komplettes und vor allem schmackhaftes römisches Menü auf den Tisch zu zaubern.

Das vorliegende Buch hat neben dem praktischen Teil noch einiges mehr zu bieten. Es beantwortet nicht nur die Frage nach dem, was gegessen wurde, sondern widmet sich zudem dem Wo, Wie und Warum.

Es liefert wichtige Informationen über den Aufbau einer römischen Küche, die zur Verfügung stehenden Lebensmittel und Gewürze sowie über das benutzte Ess- und Kochgeschirr. Auch geht es der spannenden Frage nach, was sich aus den Tagen der Antike bis heute in den regionalen Küchen rund um das Mittelmeer erhalten hat.

Die Darstellung stützt sich auf vielfältige literarische und (experimental-)archäologische Quellen und Erkenntnisse.

Ich wünsche allen Freundinnen und Freunden der römischen Antike viel Freude beim Lesen und Spaß beim Zubereiten und Verspeisen der angebotenen Gerichte.

Michael Kuhn

Einführung

Der erste Teil des Buches erzählt Erfahrenswertes über eine Küche, die den Menschen über Jahrhunderte viel Freude und großen Genuss bescherte.

Am Anfang wird die Frage beantwortet, warum sich das Wissen um ein längst vergangenes Kulturgut erhalten hat. Hilfreich ist ein Überblick über die schriftlichen Quellen, die heute noch erhalten sind.

Seele einer jeden Küche ist das ihr eigene, typische Geschmackserlebnis. Am wichtigsten sind die unterschiedlichen Gewürze und Zutaten, die zur Zubereitung der Speisen verwandt werden.

Weitere Kapitel befassen sich mit den Lebensmitteln, die den damaligen Menschen zur Verfügung standen. Nahrungsmittel, die heute selbstverständlich sind und die es damals nicht gegeben hat, werden gesondert dargestellt.

Interessant ist auch die Frage, was sich von der römischen Küche in unsere Zeit gerettet hat.

Der informative Teil schließt mit der Schilderung der technischen Möglichkeiten und Hilfsmittel, auf die die Köche der römischen Antike zurückgreifen konnten. Eine Darstellung des damals üblichen Essgeschirrs und die Einrichtung eines Speisezimmers darf nicht fehlen.

Die schriftlichen Quellen – Von Apicius bis Vinidarius

Die berühmteste Quelle für Kochanweisungen aus der römischen Antike ist sicherlich *De re coquinaria* (»Über die Kochkunst«) eines gewissen Apicius. Es gab insgesamt drei Personen dieses Namens, die als Autor in Frage kommen. Der älteste, Marcus Apicius, war ein Zeitgenosse Sullas und lebte im ersten vorchristlichen Jahrhundert. Gabius Apicius lebte zur Zeit des Augustus. Von ihm wird berichtet, dass er sich vergiftete, nachdem er sein Kapital von nahezu 50 Millionen Sesterzen (ein wahres Vermögen!) verprasst hatte. Er befürchtete, die restlichen sieben Millionen würden nicht ausreichen, um sein bisheriges Leben in der gewohnten Form weiterführen zu können. Der dritte dieses Namens, Marcus Coelius Apicius, lebte zur Zeit des Kaisers Trajan. Viele haben sich auf ihn als Verfasser des Kochbuchs festgelegt. Vielleicht kommt aber auch keiner der genannten als Autor in Frage und es handelt sich um eine Rezeptsammlung, die über einen langen Zeitraum immer wieder erweitert und ergänzt wurde. Ebenfalls möglich wäre, dass verschiedene Urheber das Kochbuch einem Feinschmecker namens Apicius zu Ehren geschrieben haben und somit anonym bleiben. Einiges spricht für Apicius als »Markenname« – wie Mrs. Beeton in englischen Kochbüchern. Zuletzt bearbeitet wurde es mutmaßlich im dritten oder vierten Jahrhundert. Überliefert sind heute zwei karolingische Handschriften aus dem Frühmittelalter.

Wie auch immer es sich mit Apicius verhält: Das Kochbuch gleichen Namens ist heute eine der wichtigsten Quellen für all diejenigen, die römisches Essen auf den Tisch bringen möchten.

Dabei entsprechen die Kochanleitungen nicht der Form, wie wir sie heute kennen. Es sind kurze Beschreibungen, die sich an erfahrene Köche richten. Der damalige Adressat war mit den Grundtechniken des Kochens und dem Küchenzubehör vertraut. Er brauchte keine Anweisung, was das Dosieren von Gewürzen angeht. Häufig wird beschrieben, in welchem Mengenverhältnis die Zutaten zueinanderstehen, was es ermöglicht, die Kochanweisungen an beliebig viele Personen anzupassen.

Die meisten Rezepte bieten Spielraum für die Interpretation des Kochs: Oft besteht die Mengenangabe aus allgemeinen Begriffen wie »viel« oder »wenig«. Der Hinweis, ob gekocht, gebraten oder gebacken wird, fehlt ab und an. So ist auch in der heutigen Zeit Kreativität gefragt, will man die Gerichte der Römer nachempfinden.

Die meisten Anweisungen sind schlicht gehalten. Als erfahrener Koch mit Experimentierfreude können Sie sich natürlich daran versuchen! Als Beispiel finden Sie das Rezept für Mulsum im Originalton:

Ein länger haltender Wein, der auf der Straße Reisenden gereicht wird.

Zerstoßener Pfeffer wird mit abgeschäumtem Honig und Wein in ein Gefäß getan, und zwar nur so viel auf einmal, wie getrunken werden soll. Je nach Geschmack mehr Honig oder mehr Wein.

Auch *»De re coquinaria«* wird dem Ruf der römischen Orgien nicht gerecht: Tatsächlich finden sich wenige ausgefallene Gerichte (wenn auch Sauzitzen sowie -plazenta und gefüllte Haselmäuse), und keine Anleitungen für dekadente Feste und Schlemmereien.

Die Schilderung eines orgiastischen Mahles verdanken wir dem Senator und Autor Titus Petronius Arbiter (14-66 n. Chr.). Sein Roman *Satyrikon* schildert im Kapitel über das Gastmahl des Trimalchio in epischer Ausführlichkeit den Ablauf eines ausgiebigen Fress- und Saufgelages. Ähnliche, wenngleich weniger detailierte Schilderungen können wir den *Kaiserviten* Suetons entnehmen. Sueton gilt nicht von ungefähr als Klatschreporter der Antike, und Petronius verpackte sehr viel Sozialkritik in seinen Ausführungen. Ihm ging es weniger um eine genaue Schilderung der Esskultur als vielmehr um das Gebaren sogenannter Neureicher und Emporkömmlinge.

Eine weitere wichtige Quelle römischer Kochrezepte ist das Werk des Marcus Porcius Cato (234-149 v. Chr.). Der Militär und Politiker beschreibt in seinen Schriften über die Landwirtschaft *»De agri cultura«* Rezepte der römischen Küche. Vor allem Cato verdanken wir tiefe Einblicke in die ursprünglichen Essgewohnheiten der Römer und in die Küche der kleinen Leute.

Der Gelehrte Gaius Plinius Secundus Maior (23-79 n. Chr.), der seinen Forschungseifer beim Ausbruch des Vesuvs mit dem Leben bezahlte, erwähnt in seiner Naturgeschichte *»Historia naturalis«* ebenfalls einige Rezepte.

Marcus Terentius Varro schildert in der Schrift *»De re rustica«* römische Lebensmittel, den Nahrungsmittelanbau und einige Gerichte.

Publius Vergilius Maro, bekannt unter dem Namen Vergil (70-19 v. Chr.), verdanken wir ein Rezept in besonderer literarischer Form. In dem *»Appendix vergiliarum«* lernen wir etwas über die Frühstücksgewohnheiten der Landbevölkerung.

Auch die Dichter Horaz und Sueton geben in ihren Werken den einen oder anderen Hinweis auf Speisen und Essgewohnheiten.

Der Verfasser Vinidarius, der im fünften Jahrhundert lebte und mutmaßlich gotischer Abstammung war, schrieb die *»Apici Excerpta«* (»Auszüge aus Apicius«) nieder. Obwohl der Titel auf Apicius verweist, sind im Inhalt nur wenige Überschneidungen zu finden.

Von besonderer Aussagekraft ist das *Höchstpreisedikt* des Kaisers Diokletian aus dem Jahre 301 n. Chr. Dieser versuchte, der Inflation Herr zu werden, indem er unter anderem für viele Lebensmittel Höchstpreise vorschrieb. Eine weitere Theorie besagt, dass er damit aus Kostengründen die Einkaufspreise für das Militär niedrig halten wollte. Diese Quelle gewährt uns tiefe Einblicke in den Alltag und die Essgewohnheiten der römischen Bevölkerung.

Aus dem Würzgarten

Von herausragender Bedeutung für den Geschmack einer Epoche sind die verwendeten Gewürze und Zutaten. Die Römer liebten intensiven Geschmack und würzten ihr Essen kräftig. Darum werfen wir zuerst einen Blick in ihren Würzgarten.

Beliebt waren der einheimische Kümmel (*caraeum*) und der orientalische Kreuzkümmel (*cuminum*), die nicht nur von verschiedenen Pflanzen stammen, sondern auch ganz unterschiedlich schmecken.

Beim ebenfalls beliebten Koriander (*coriandrum*) unterscheiden sich Samen und Blätter geschmacklich so stark voneinander, dass eine Pflanze zwei Gewürze zu bieten hat.

Lorbeer (*laurus*) war nicht nur als Siegerkranz beliebt, sondern spielte sowohl in der Medizin als auch in der Gewürzküche der Römer eine Rolle. Im Mittelmeerraum frisch genossen, wurde er getrocknet in die Provinzen geliefert – so, wie wir ihn noch heute im Supermarktregal finden.

Rucola oder Senfrauke (*eruca*) und Liebstöckel (*ligusticum*) verliehen Speisen Aroma, gerne wurde das Bohnenkraut (*satureia*) und eine milde Senfvariante (*sinapis*) verwendet.

Safran (*crocus*) verlangt beim Kochen viel Feingefühl, um den zarten Eigengeschmack hervorzulocken. Er wurde vornehmlich zum Färben der Speisen verwendet. Er war sehr teuer und wurde aus Indien importiert. Auch Kardamom (*cardamonum*) war eine Kostbarkeit.

Die Weinraute (*ruta*) findet sich in vielen Gerichten, ist jedoch heute sehr schwer erhältlich. Wenn Sie den leicht bitteren Geschmack der Weinraute den Gerichten im Rezeptteil wie Moretum, Mulsum und Co. hinzufügen wollen, fragen Sie in Apotheken oder Kräuterläden danach! Es lohnt sich. Aber Vorsicht: Eine Überdosierung ist geschmacklich nicht zu revidieren.

Weitere Gewürze und Kräuter waren damals so beliebt wie heute: Pfeffer, Rosmarin, Petersilie, Oregano, Dill, Fenchel, Nelke und Minze bedürfen wohl keiner weiteren Erläuterung.

Salz (*sal*) war eine der wichtigsten Zutaten. Über seine Verwendung gibt es unterschiedliche Standpunkte, die Anlass zu angeregten Diskussionen geben. Eine gängige Meinung geht davon aus, dass die Römer das Salz überwiegend zur Konservierung genutzt haben.

Der Antike war die Salzgewinnung in Salinen oder im Bergbau durchaus bekannt. Die Griechen kannten bereits das von den Römern als *Sal conditum* bezeichnete Gewürzsalz. Eine der wichtigsten Ausfallstraßen des alten Roms war die *Via Salaria* (Salzstraße). Cato der Ältere und Virgil beschreiben Rezepte, in denen das Mineral nicht fehlt. Ihren Schriften kann man entnehmen, dass Salz fester Bestandteil der ursprünglichen Küche war. Im Umlauf war für den Massenkonsum insbesondere grobes, ungereinigtes Meersalz. Das Höchstpreisedikt Diocletians aus der Spätantike unterscheidet

Salz und Gewürzsalz. Aufgeführt sind naturgemäß nur solche Dinge, denen aufgrund ihres Verbrauchs eine herausragende Stellung im Warenangebot zukommt. Salz ist dort direkt unter dem Liquamen verzeichnet. In der Militärküche wurde Salz dem Garum vorgezogen, da es einfacher zu transportieren und zu lagern war.

Apicius beschreibt die Herstellung eines Würzsalzes, das er jedoch vorrangig als Rezeptur zur Linderung von Verdauungsbeschwerden empfiehlt. Je mehr man sich aber in seine Rezepte einliest, desto mehr kommt man zu dem Schluss, dass Salz eine wichtige Voraussetzung für viele Gerichte war. Apicius erwähnt das Salz dann, wenn es um die Grundlagen eines Gerichtes geht. Ein Schinken wird mit Salz gepökelt und ein Huhn in Wasser, Salz und Dill gekocht, ehe es weiterverarbeitet wird. Man darf ein weiteres Argument nicht außer Acht lassen: Die Rezepte des Apicius richten sich, wie bereits erwähnt, an den erfahrenen Koch. Auch heute ist in Rezepten zwar meist das Salz als Zutat angegeben, aber selten die Dosierung. Auch die römischen Kochbücher überließen den Köchen vermutlich die Entscheidung, Speisen *ad gustum* zu salzen.

Dennoch wird bei Apicius überwiegend mit der Fischsauce, dem Garum oder Liquamen, gesalzen. Man darf nicht übersehen, dass zur Herstellung von Liquamen Unmengen von Salz benötigt werden. Mit Garum oder Liquamen bezeichnet man eine Flüssigkeit, die dadurch entstand, dass man Fische wie Thun, Makrele, Sardelle oder Aal einschließlich ihrer Eingeweide in einer Salzlake wochen- manchmal monatelang der prallen Sonne (vorzugsweise 40°C) aussetzte. Die in den Eingeweiden enthaltenen Enzyme verdauten dabei das Fischeiweiß und fermentierten das entstehende Gemisch, das dann ausgepresst und gefiltert wurde. Garum war klar und gelblich, anders als der dunkle Ersatz, den wir heute dafür verwenden: das vietnamesische Nước mắm, die Fischsauce, die man im Asialaden und in jedem gut sortierten Supermarkt erhält. Die Fischsauce, die es in verschiedenen Varianten, Qualitäten und Preisklassen unter den Namen *Salsamenta*, *Liquamen*, *Muria* oder *Hallex* gab, wurde meist außerhalb der Ortschaften hergestellt, denn die olfaktorische Belästigung war nicht zu verachten. Es gibt aber auch Ausnahmen, wo sich ganze Ortschaften um die Betriebe gebildet haben. Und obwohl die Herstellung unappetitlich klingt: Garum hat beim sparsamen Gebrauch einen feinen, charakteristischen Geruch und Geschmack, vor dem Sie sich nicht fürchten müssen.

Vielleicht kann man sich auf Folgendes einigen: In der einfachen Küche der Landbevölkerung wurde Salz verwendet und geschätzt. Bei den feinen Gaumen der luxusorientierten Oberschicht war es vermutlich in der Kaiserzeit verpönt.

Es bleibt noch die Frage, womit die Römer ihre Speisen gesüßt haben. Kannten sie bereits den Zucker?

Heute assoziiert man mit europäischem Zucker meist den Rübenzucker und hält den Rohrzucker für ein Produkt von Übersee. Grob gesagt stimmt das auch. Der Rübenzucker wurde jedoch erst 1747 entdeckt und seit 1802 in großem Maßstab gewonnen, als Ersatz für einen Rückgang der Zuckerlieferungen aus der Neuen Welt. Doch Rohrzucker ist nicht ausschließlich ein Produkt vom amerikanischen Kontinent. Aus Indien ließ sich in der römischen Antike bereits Zuckerrohr importieren, und daraus konnte *Saccharum* gewonnen werden. Dieser Zucker war kostspielig und mutmaßlich sehr selten – und er wurde vermutlich weniger zum Süßen von Speisen verwendet, sondern für medizinische Zwecke.

Deshalb wurde zum Süßen fast ausschließlich Honig benutzt. Die zögerliche Einführung des Zuckers in die Küche fiel in die byzantinische Zeit, ins Ostrom des 4.-7. Jahrhunderts nach Christus.

Beliebt war auch die Zugabe von Defrutum oder Passum, die man durch einen süßen Marsala oder eine Trockenbeerenauslese ersetzen kann.

Die wichtigsten Gewürze und Zutaten für das römische Geschmackserlebnis:

Basilikum
Bohnenkraut
Dill
Fenchel
Ingwer
Kardamom
Koriander
Kreuzkümmel
Kümmel
Liebstöckel
Lorbeer
Minze
Nelke
Oregano
Petersilie
Pfeffer
Rosmarin
Rucola
Safran
Selleriegrün
Senf
Thymian
Weinraute

Aus Stall und Feld

Zuerst gebrauchten die Römer das, was auf den Feldern und den Ställen der Umgebung vorhanden oder aus der Heimat mitgebracht worden war.

Das Hauptnahrungsmittel der Römer war das Brot. Sie kannten bereits das Verfahren, Sauerteig herzustellen, indem sie zum Beispiel Weizenkleie mit Most versetzten. Die Römer aßen ihr tägliches Brot vor allem als Fladen oder als runden Laib mit radialen Einschnitten, was das Zerteilen erleichterte. Es gab durch den Zusatz von Kräutern, Zutaten und Gewürzen eine Vielzahl von Brotsorten, die den heutigen kaum nachstanden. Die Römer bauten in erster Linie Weizensorten wie Dinkel, Einkorn und Emmer an, die es in mehreren Qualitätsstufen gab. Mehl aus Gerste, Roggen, Hafer und Hirse wurde zu minderwertigem Brot verbacken oder als Getreidebrei (*puls*) gegessen.

Zum Eindicken von Speisen wurde Stärkemehl (*amulum*) verwendet, das man durch einen handelsüblichen Saucenbinder ersetzen kann.

Als wichtiges Grundnahrungsmittel galt, wie im gesamten Mittelmeerraum, das nahrhafte Olivenöl. Nicht von ungefähr vernichteten die Spartaner während der ersten Belagerung Athens im peloponnesischen Krieg den gesamten Bestand der attischen Olivenbäume. In Amphoren oder Krügen abgefüllt, wurde es bis in die abgelegensten Regionen gehandelt. Das Öl gab es in mehreren Qualitätsstufen, wobei das erstgepresste *Oleum virgineum* wie heute begehrt war.

An Gemüse wurden hauptsächlich Hülsenfrüchte wie Erbsen, Linsen und Bohnen angebaut. In den Gärten wuchsen Möhren, Rüben, Kohl, Feldsalat, Knoblauch, Spargel

Foto mit freundlicher Genehmigung des Naturzentrums Nettersheim

und Zwiebeln. In den Würzgärten zog man Bohnenkraut, Dill, Koriander, Kümmel, Sellerie und Kerbel. Den zum Süßen benötigten Honig beschaffte die Bienenzucht. Es wurden Obstplantagen betrieben, die den Bedarf an Früchten deckten. Neben den einheimischen Arten wie Apfel, Birne, Waldbeeren und Haselnüssen pflanzten die Römer Pflaumen, Pfirsich, Aprikose, Walnüsse und Esskastanie an. Die Esskastanie kommt bei uns in jenen Gegenden wildwachsend vor, in denen die Römer sie ausgepflanzt haben. Rechts des Rheins ist sie außerhalb von Parkanlagen nur selten anzutreffen.

Zum Keltern von Wein wurde bei uns an Mosel und Nahe in erster Linie eine dem Elbling vergleichbare Traube angebaut. Der heute dort dominierende Riesling wurde erst im späten Mittelalter aus Spanien eingeführt.

Auf den schlechteren Böden in den Mittelgebirgen und in den feuchten Niederungen wurden in erster Linie Weidewirtschaft und Viehzucht betrieben. Nachgewiesen sind Rinder für die Fleisch- und Milchproduktion, Schweine, Schafe, Ziegen und Geflügel. Schweine und Rinder waren etwa ein Drittel kleiner als die heutigen Nutztiere. Die mit Abstand beliebtesten Fleischlieferanten waren Schwein und Huhn.
Wildbret kam nur in Ausnahmefällen auf den Tisch. Daneben züchteten die Römer

Foto mit freundlicher Genehmigung des Naturzentrums Nettersheim

Pferde, eine Spezialität der gallischen Treverer, und hielten Hunde und Hauskatzen. Letztere wurden von den Römern aus Nordafrika und dem Nahen Osten an den Rhein gebracht, von wo aus sie als Schoßtiere und Mäusejäger ihren Siegeszug in alle Richtungen antraten. Die Katze ist bereits im vierten Jahrhundert als Haustier östlich der Weichsel nachgewiesen.

Rinder waren an erster Stelle Nutztiere für die Feldarbeit, weshalb die Kuhmilch vor allem für die Kälbchen da war. Die Römer tranken Schafs- und Ziegenmilch, seltener auch die Milch von Stuten. Da Milch ohne Kühlung jedoch rasch sauer wird, wurde sie zu großen Teilen zu Käse verarbeitet (*caseus mollis*). Oft war dieser Käse Quark oder Mascarpone ähnlich. Hartkäse hieß *formaticum*. Bereits damals war das Verfahren bekannt, diesen sogenannten Süßmilchkäse mithilfe von Lab aus dem Magen der Jungtiere herzustellen.

Butter hingegen haftete der Ruch des Barbarischen an – sie fand in der römischen Küche nur wenig Verwendung.

Diese Lebensmittel waren den Römern unbekannt

Beliebte römische Lebensmittel

Salz? Zucker?

Aus Becher und Krug

Die Römer betrieben einen erheblichen zivilisatorischen Aufwand, um die Versorgung mit sauberem und schmackhaftem Trinkwasser zu gewährleisten. So brachte die Eifelwasserleitung das kalkhaltige Quellwasser der Sötenicher Kalkmulde durch frostfrei gegründete Leitungen und über Viadukte in die Metropole am Rhein. Der Römerkanal, das größte Technikdenkmal nördlich der Alpen, hatte inklusive aller Zuleitungen eine Gesamtlänge von 130 Kilometern.

Auch dem Weinanbau kam eine große Bedeutung zu. Es gibt in Italien kaum ein Anbaugebiet, das nicht schon in römischer Zeit genutzt wurde. Dichter wie Horaz und Martial rühmten unter anderem die hervorragenden Eigenschaften des Falerners aus dem nördlichen Kampanien. Ein Falerner sollte bis zu fünfzehn Jahre reifen, ehe er auf den Tisch kam.

In unseren Breiten wurden Trauben an Mosel und Nahe angebaut. Inwieweit die Kelten bereits erste Reben kultivierten, ist nicht hinreichend gesichert. Viele bildnerische Darstellungen und das Vorhandensein von vermutlich genossenschaftlich betriebenen Keltern belegen die intensive Nutzung in den Flusstälern. Der Weinanbau erreichte seinen Höhepunkt in der zweiten Hälfte des dritten Jahrhunderts, als Kaiser Probus ihn durch Gesetze und Verordnungen förderte: ein frühes Wirtschaftsprogramm, um den durch die Verwüstungen des ersten großen Germaneneinfalls darniederliegenden Grenzprovinzen im Nordwesten des Imperiums wieder auf die Beine zu helfen.

Die Römer tranken den Wein meist in gewässerter Form. Ihn pur (*merum*) zu konsumieren galt als unschicklich oder ein Zeichen von Trunksucht. Den Wein zu strecken hatte den Vorteil, den Weingenuss über einen möglichst langen Zeitraum zu genießen. Es ist aber ebenso gut denkbar, dass dem Wein durch den Flüssigkeitsverlust einer langen Lagerung (vornehmlich in Amphoren) neue Flüssigkeit zugeführt werden musste, um den Alkoholgehalt wieder auf ein verträgliches Maß zu reduzieren. Wer erinnert sich nicht an die Hochzeit von Kana, wo Jesus Wasser in Wein verwandelte?

Vor dem Essen und zu den Vorspeisen wurde Mulsum, ein mit Honig gesüßter Wein, als Aperitif gereicht. Ihm wurden magische Fähigkeiten nachgesagt. Dazu gibt es die folgende Anekdote:

Der über hundertjährige Romilius Pollio wurde von Kaiser Augustus gefragt, wie er es geschafft habe, so alt geworden zu sein. Die Antwort des Greises lautete: »Innen Mulsum, außen Olivenöl.« (Das berichtet Plinius der Ältere in seiner »*Naturalis historia*«.) Das Rezept für Mulsum finden Sie auf Seite 62.

Von Nero ist bekannt, dass er ein großer Liebhaber der Cervisia war, des antiken Vorläufers des heutigen Bieres, das nicht nur auf den Erfindungsreichtum der Kelten und Germanen zurückgeht. Bereits die Ägypter und die Babylonier verstanden sich auf das Geschäft des Brauens.

Doch natürlich wurde auch Nicht-Alkoholisches getrunken: Die sogenannte Posca, das Essigwasser, war nicht nur das Getränk der Legionäre, sondern auch das der römischen Bevölkerung. Dabei wurde Wasser mit Essig gesäuert. Bei dem Essig, der dem am Kreuz hängenden Jesus von mitfühlenden Legionären mit einem Schwamm verabreicht worden war, wird es sich wahrscheinlich um Posca gehandelt haben.

Wasser und Wein wurden sowohl warm als auch kalt getrunken, wobei der Gipfel des Luxus Wein aus dem Schneekeller war. Schnee aus den Alpen oder den Abruzzen wurde gepresst und mit verschiedenen Materialien wie Stroh, Gras, Erde und Leinen isoliert, damit er nicht schmolz. Dieser Schnee war oft wertvoller als der darin gelagerte Wein.

Die Römer verarbeiteten Most, also aus gepressten Früchten (Äpfeln, Birnen, Datteln, Granatäpfeln oder Quitten) gewonnener Saft, zu Fruchtwein, der mit Honig gesüßt wurde. Dieser wurde ebenfalls mit Wasser verdünnt und teilweise mit Gewürzen versehen. Der normale aus Trauben gewonnene Wein wurde oft so sehr mit verschiedenen Gewürzen versetzt, dass man ihn nicht aus der Amphore in den Becher schüttete, sondern zunächst durch ein Sieb laufen ließ, um ihn von Zutaten und Schwebstoffen zu filtern. Doch es gab im alten Rom bereits Puristen: Plinius der Ältere setzte sich für unverfälschten Wein (*merum*) ein, und diese Forderung ist in einigen Becherinschriften erhalten. Neben Wirten, die dem Wein nach bestem Wissen und Gewissen Zutaten hinzufügten, gab es natürlich auch Panscher, vor allem in Gallien, wo es die meisten Klagen diesbezüglich gab. Dem kriminellen Hintersinn zum Trotz kamen dabei medizinische Errungenschaften heraus, beispielsweise Abführmittel.

Hochprozentiges kannten die Römer vermutlich nicht. Die ersten Vorläufer des Branntweins kamen als Milchschnaps mit den asiatischen Steppenvölkern nach Europa, und im neunten Jahrhundert wurde die Branntweingewinnung von den Arabern erstmalig im europäischen Raum beschrieben.

N
W
O
S
Londinium
Augusta Treverorum
Colonia
Augusta Vindelicorum
Burdigala
Lugdunum
Mediolanum
Massilia
Roma
Corduba
Karthago
Legende
Rinder
Schweine
Wild
Gänse
Fische
Gemüse
Honig
Getreide
Wein
Gewürze
Schiffsrouten
Straßen
Flüsse

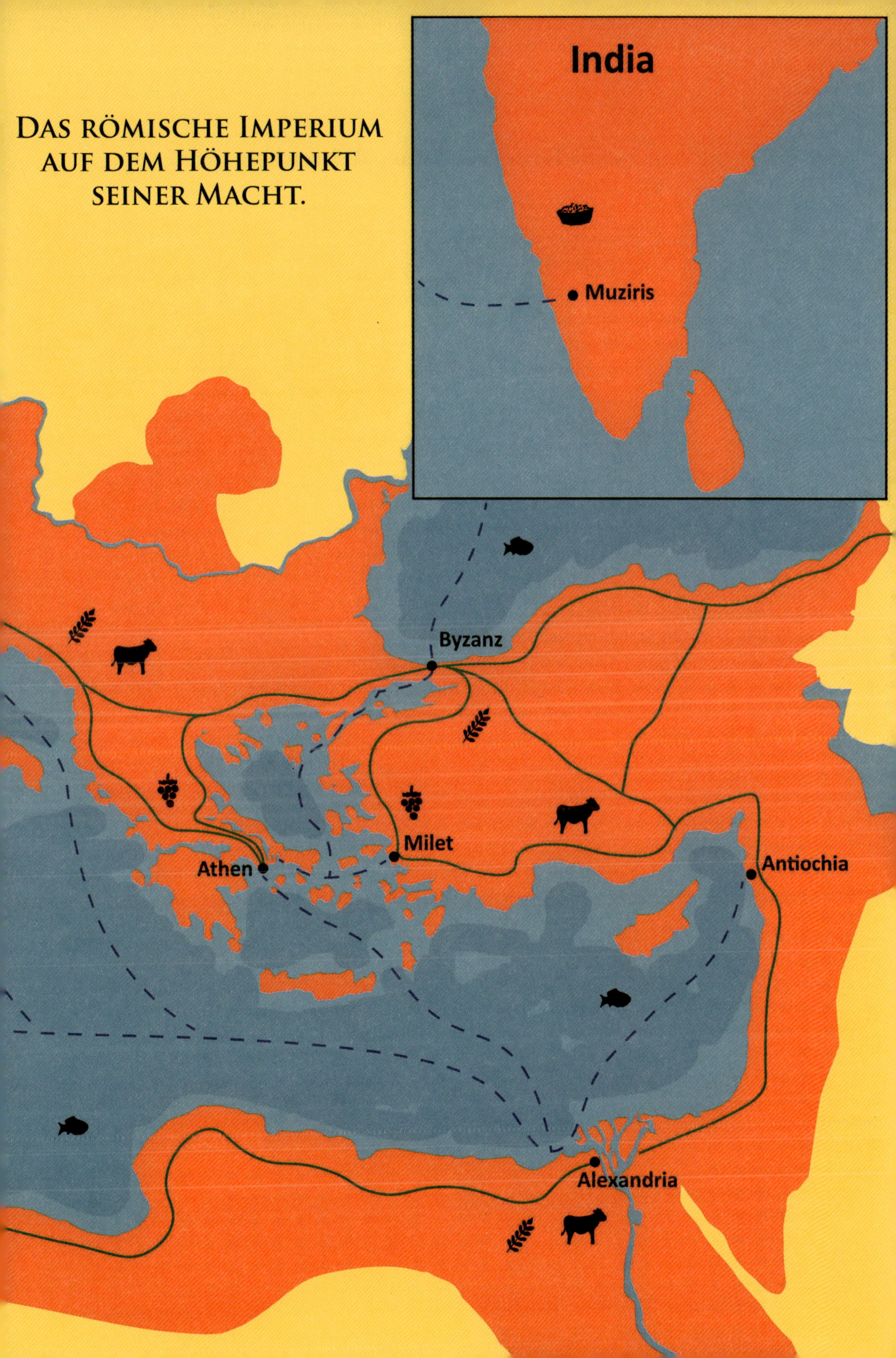
Das römische Imperium auf dem Höhepunkt seiner Macht.
India
Muziris
Byzanz
Milet
Athen
Antiochia
Alexandria

Die Ressourcen eines Weltreichs

Zur Beschaffung auswärtiger Lebensmittel nutzten die Römer die Vorteile des ersten globalisierten Wirtschaftssystems der Geschichte. Über ein zur damaligen Zeit einzigartiges Straßensystem und auf dem Wasserweg transportierten sie das heran, was der einheimische Kulturraum nicht hergab.

Getreide wurde nicht nur in den bekannten »Kornkammern« der Antike, wie Ägypten und Sizilien angebaut. Ähnlich ergiebig waren die fruchtbaren Lößböden am Rande der Mittelgebirge in den gallischen und germanischen Provinzen. Selbst in Britannien wurden Überschüsse erwirtschaftet, mit denen man die Not in anderen Teilen des Imperiums linderte. Beispielhaft sind hier die von Caesar Julian im vierten Jahrhundert angeordneten Getreidelieferungen in das durch Germaneneinfälle verwüstete Rheinland.

Bis zur Schaffung von ausreichenden Anbauflächen wurde Wein aus den Provinzen des Mittelmeers in den Nordwesten des Imperiums geliefert. Für die Spätantike ist mit der Aufhebung des Importverbots für gallische Weine ein entgegengesetzter Weg festzustellen.

Die schon damals beliebte und viel häufigere Auster wurde an der Atlantikküste gezogen. Gut verpackt hielt sie sich mehrere Wochen. Ihre Schalen finden sich zuhauf bei Ausgrabungen. Olivenöl bezog man aus den Anbaugebieten rund um das Mittelmeer. Kostbare Gewürze fanden ihren Weg aus dem Nahen Osten und Indien in die entlegensten Gebiete des Imperiums. Neben dem Würzen wurden sie auch aus medizinischen Gründen genutzt. Dazu zählten in erster Linie Pfeffer, Zimt, Safran und Gewürznelken. Gerade der Pfeffer setzte sich in allen Bevölkerungsschichten (Militär) durch. Die Römer unterhielten seit augusteischer Zeit militärisch gesicherte Handelsniederlassungen im Südwesten Indiens, von denen Muziris in der heutigen Provinz Kerbala die bekannteste ist.

Das insbesondere bei der Oberschicht beliebte Liquamen oder Garum wurde in den Ländern des Mittelmeeres hergestellt. Die berühmtesten Produktionsstätten lagen am Golf von Neapel (Pompeji). Die Produktionen aus Südfrankreich galten bereits als minderwertig. Den umgekehrten Weg nahmen Produkte aus unseren Breiten, die in südlicheren Gefilden nur spärlich vorkamen. Dazu zählte der Honig, der aus den Wäldern Germaniens stammte. Es gibt auch Berichte über riesige Gänseherden, die aus Gallien nach Italien getrieben wurden.

Was blieb – Das Erbe der Antike

Die Kontinuität ist in der mediterranen Küche heute noch gegeben. Während in den damaligen römischen Provinzen des Nordwestens die Entwicklung der Küchen andere Wege ging, kann man im Mittelmeerraum noch häufig das Römische herausschmecken. Einiges davon ist über Umwege zu uns zurückgekehrt.

Von den südeuropäischen Ländern steht Italien der römischen Küche am nächsten. Bis auf die heute allgegenwärtige Pasta, die erstmalig im 13. Jahrhundert auf den Tellern zu finden ist und den Neuerungen, die mit der Entdeckung Amerikas Einzug hielten (Tomaten), scheint das antike Erbe immer noch durch. Die Angewohnheit, Kräuter und Gewürze mit Olivenöl zu einer würzigen Paste zu verarbeiten, hat im Pesto ihre Fortsetzung gefunden.

Auch die Sitte, einen belegten Teigfladen zu backen, hat sich mit der Pizza fortgesetzt. Bereits die Griechen und die Etrusker haben Teigfladen mit den unterschiedlichsten Zutaten belegt und im Ofen gebacken. Cato der Ältere beschreibt die Zubereitung einer Scriblita, eines runden Teigfladens, der mit Käse, Olivenöl und Kräutern belegt und wie ein Kuchen ohne Honig gebacken wurde. Dem kommt die heutige Pizza Pugliese sehr nahe, die mit Zwiebeln, Olivenöl, Oregano und Peccorinokäse belegt wird. Ich möchte hier anmerken, dass sie wie Cato aus Süditalien stammt.

In vielen türkischen Restaurants wird gebratenes Fleisch mit Gemüse auf Fladenbrot serviert. Bei der Sala Cattabia des Apicius handelt es sich um eine Kombination aus Fladenbrot, Fleisch und würziger Sauce. Der Weg zum gefüllten Teigfladen, einer Pita, ist kurz und logisch.

Von der Legionärskost Puls, gemahlenem Getreide, das gewürzt und über dem Feuer quellen gelassen wurde, leitet sich die heutige Polenta ab – der Weizen wurde durch Mais ersetzt. Puls wurde damals sowohl als Brei als auch gebacken verzehrt.

Die türkische, griechische und nordafrikanische Küche weist immer noch ähnliche Kombinationen von Gemüse, Fleisch und Brot auf, auch die verwendeten Gewürze sind bis auf einige Ergänzungen gleichgeblieben. Die türkischen Eroberer haben die verfeinerte römisch-byzantinische Küche angenommen und mit arabischen und asiatischen Ergänzungen bereichert.

Im Vergleich zu anderen Kochgewohnheiten der Römer war jedoch der Fischsauce nach dem Zerfall des Imperiums keine große Zukunft beschieden. Das Garum oder Liquamen ist bis auf wenige regionale Überbleibsel verschwunden. Auch in der östlichen Reichshälfte scheint es nach und nach außer Gebrauch gekommen zu sein. Es überlebte in der provencalischen *Pissalat* und am Golf von Neapel in der *Colatura di Alici*. Beides Regionen, die früher für die Herstellung von Fischsaucen berühmt waren. Geschmacklich mag noch die britische Worcestersauce eine gewisse Nähe zur salzigen Fischsauce aufweisen, obwohl bei ihrer Herstellung kein Fisch verwendet wird.

In unseren Breiten ist nicht viel Römisches übriggeblieben. Es gibt jedoch Ausnahmen: Das römische Käsekuchenrezept ähnelt dem heutigen Käsekuchen.

Das Handwerkszeug

Wenden wir uns nun dem Ort zu, an dem die ganzen Köstlichkeiten, die Sie im weiteren Verlauf des Buches kennenlernen werden, entstanden sind.

Das Herzstück einer römischen Küche war der gemauerte Herd. Je nach Größe und Ausstattung konnte er beeindruckende Ausmaße annehmen. Auf einer gemauerten Unterlage, die oftmals eine Öffnung zur Lagerung von Feuerholz oder Holzkohle enthielt, ruhte die eigentliche Herdplatte aus Stein oder Ziegeln. Auf ihr wurde das zum Kochen benötigte Feuer, meistens mit Holzkohle, entfacht. Entweder stellte man Töpfe und Pfannen direkt in die Glut, oder benutzte einen speziellen Rost, der zur Aufnahme von Kochtöpfen oder zum Grillen geeignet war. Viele Küchen besaßen zusätzlich eine Vorrichtung, um größere Töpfe und Kessel aus Metall über das Herdfeuer zu hängen.

Größere Küchen verfügten zusätzlich über einen Kuppelofen zum Backen, der auch zum Braten geeignet war.

Eine handgetriebene Getreidemühle durfte ebenfalls nicht fehlen. Der kräftezehrende Gebrauch des klobigen Geräts dürfte sich beim Küchenpersonal nicht der größten Beliebtheit erfreut haben.

In der Nähe der Kochstelle befand sich meistens der Abort, um Brauchwasser und kleinere Abfälle zu entsorgen. Ein tönernes Vorratsgefäß enthielt das zum Waschen und Kochen benötigte Wasser.

Foto mit freundlicher Genehmigung des Naturzentrums Nettersheim

Das Geschirr befand sich in Wandregalen, Schränken und Truhen. Ebenso Gewürze und Lebensmittel, die schnell zur Hand sein mussten. Als Arbeitsplatten dienten Tische oder aufgebockte Planken.

Gekocht wurde in irdenen oder metallenen Töpfen. Wie bereits erwähnt, wurden sie direkt in die Glut gestellt oder mittels eines Rostes dem Feuer ausgesetzt. Ein solcher Grillrost (*Craticula*) erfüllte die unterschiedlichsten Aufgaben. Er diente zum einen der Aufnahme von Pfannen, Kasserollen, Spießen und ganzen Fleischstücken. Zusätzlich verfügte er über eine oder mehrere runde Aussparungen von verschiedener Größe, in die Töpfe eingehängt werden konnten.

Foto mit freundlicher Genehmigung der Römischen Villa Borg

Als »Allzweckwaffe« der römischen Küche möchte ich die Reibschale *(Mortarium)* bezeichnen. Diese Urform der Küchenmaschine gab es in allen Größen, und sie diente der Zerkleinerung und Zermusung von Zutaten. Wegen ihrer robusten Kompaktheit zählt sie zu den häufigeren Funden bei archäologischen Grabungen. Man gab die unterschiedlichsten Kräuter und Zutaten in ein Mortarium und verarbeitete diese mit Hilfe eines Stößels, unter Zugabe von Öl, zu Saucen oder Pasten. Sie war von kreisrunder Form mit einem breiten, hochgezogenen Rand, der über einen Ausguss verfügte. Die Innenseite war aufgeraut, um das Arbeiten zu erleichtern. Heute verwendet man dafür einen Mixer oder einen Pürierstab. Mörser gehörten ebenfalls zum Inventar.

Allzweckwaffe der römischen Küche: die Reibschale

Als Kochgeschirr dienten tönerne oder metallene Töpfe in allen Größen. Hinzu kamen Kasserollen, Auflaufformen und Pfannen, die sich wenig von den heutigen unterscheiden.

Desgleichen die Kellen, Schürhaken, Fleischgabeln, Kochlöffel, Messer, Hackbeile und andere Gerätschaften. Je nach Verwendung waren sie aus Holz oder Metall gefertigt. Siebe zum Filtern von Wein fertigte man aus Ton.

Gegessen wurde von tönernen oder hölzernen Tellern. Hinzu kamen Schüsseln, Kannen, Vorlageplatten und Schalen für die einzelnen Gerichte und Saucen. Von einem gewissen Wohlstand zeugt das aus Glanzton (*Terra Sigillata*) gefertigte und teils aufwendig verzierte Geschirr. Nur reiche Haushalte konnten sich silbernes Tafelgeschirr und gläserne Pokale leisten. Sie finden sich zuhauf im Plünderungs- und Handelsgut der Germanen auf der anderen Rheinseite.

Der Gebrauch von Messer und Gabel war nicht üblich. Das Essen wurde, wenn nötig, vorgeschnitten oder gleich in mundgerechten Fingerfood-Portionen auf den Tisch gebracht. Der Römer aß also mit den Fingern und wusch sich nach jedem Gang die Hände. Für flüssige Speisen und Breie gab es Löffel, zum Beispiel große Suppen-

Foto mit freundlicher Genehmigung des Naturzentrums Nettersheim

oder Entenlöffel (*ligua*) oder solche mit einer zierlicheren und kleineren Löffelhöhlung (*Cochlear*). Letztere dienten eher zum Verspeisen von Eiern, Meeresfrüchten und Schnecken, und waren am Ende zugespitzt, um kleinere Fleischstücke oder Ähnliches aufzuspießen.

Große, zweizinkige Fleischgabeln dienten lediglich dem Servieren von Braten und Geflügel.

Die Mahlzeiten

Auch im alten Rom gab es drei Mahlzeiten.

Die erste war ein einfaches Frühstück (*ientaculum*). Das italienische Frühstück besticht heute noch durch seine Übersichtlichkeit (Kaffee und Hörnchen). Es bestand aus einem Getreidebrei (*puls*) oder Brot mit Wasser. In vornehmeren Haushalten kamen auch Obst, Eier und Käse auf den Tisch.

Das um die Mittagszeit eingenommene *Prandium* war etwas reichhaltiger. Es bestand hauptsächlich aus kalten Speisen und den Resten des Vortages.

Am späten Nachmittag oder am frühen Abend wurde die *Cena* eingenommen. Sie war die Hauptmahlzeit des Tages und konnte durchaus üppig ausfallen. Neben dem traditionellen Getreidebrei wurden Fleisch und Obst gereicht. In reicheren Kreisen traf man sich zu ausgiebigen Gastmählern mit Vorspeisen, Hauptgängen und Nachtisch.

Ex ovo usque ad malum – vom Ei zum Apfel lautete hierbei das klassische A – Z der Speisen. Ein römisches Menü begann mit der *Gustatio*, der Vorspeise. Es wurden Eierspeisen, rohes oder gekochtes Gemüse, Pilze, Meeresfrüchte wie Austern, kleine Fleischhäppchen und als Aperitif Mulsum gereicht. Zum Hauptgang gab es Fleisch-, Fisch-, und Geflügelgerichte in allen Variationen. Dazu trank man mit Wasser gemischten Wein. Obst und diverse Süßspeisen wie Kuchen und süße Aufläufe rundeten das Mahl ab.

Daran schloss sich bei Gesellschaften die *Commissio* an, die in einem Trinkgelage enden konnte.

Die in früherer Zeit übliche *Vesperna*, das Nachtmahl, wurde mit der Aufwertung der *Cena* aus dem Essensplan gestrichen.

Kommen wir zu den Orten, an denen die Gerichte, die wir im weiteren Verlauf des Buches kennenlernen werden, verzehrt wurden.

Die ländliche Bevölkerung oder der einfache Stadtrömer wird sein Essen in der Küche oder im Wohnraum zu sich genommen haben. Dabei saß er auf Hockern, Bänken oder Korbsesseln an der hölzernen Tafel. Die Besucher der städtischen Garküchen und Tavernen (*Tabernae*) oder den ländlichen Herbergen (*Mansiones*) entlang der Straßen werden sich mit dem gleichen Komfort begnügt haben.

Der gut betuchte Römer verfügte dagegen über ein separates Speisezimmer (*Triclinium*). Je nach Ausstattung lag er dabei auf mit Kissen gepolsterten, gemauerten Ruhebänken oder auf Ruhesofas (*Clinae*) zu Tisch. Die Anordnung war immer die gleiche: Die länglichen Sitzmöbel umgaben von drei Seiten den Tisch, auf den die Speisen aufgetragen wurden. Die zum Raum hin offene Anordnung ließ genügend Platz zum Servieren der einzelnen Gänge und zum Befüllen der Becher und Gläser. Die den Männern vorbehaltenen Liegestätten boten Platz für je drei Personen. Die anwesenden Frauen nahmen in der Regel auf beigestellten Sitzgelegenheiten Platz. In der Spätantike wechselte man zu halbrunden Arrangements – auf so ein Sofa (*Sigma* wegen der C-Form) passten zu den neun üblichen Personen zur Not auch einige mehr.

Der Geschmack des Weltreichs

Im zweiten, anschaulich bebilderten Teil des Buches finden Sie eine Auswahl typischer Rezepte, die der jeweiligen sozialen Schicht zugeordnet sind. Sie werden feststellen, dass die »kleinen Leute« sich einfach, aber nicht weniger schmackhaft ernährt haben.

Hinter der kleinen, literarischen Rahmenhandlung verbirgt sich viel Wissenswertes über Verzehr und Zubereitung der ausgewählten Gerichte.

Ich habe mich bemüht, die Rezepte der modernen Küche anzupassen. Das macht es leichter, die ausgewählten Snacks, Vorspeisen, Hauptgerichte und Nachspeisen auf den Tisch zu bringen. Guten Appetit!

Das Frühstück des Bauern

Gaius Domitius Rufinus flucht, weil er mit dem Fuß gegen den Eimer stößt. Als der Schmerz nachlässt, schiebt er das klobige Holzgefäß zur Seite und tastet sich durch das Dunkel der Küche zum Fenster. Ein kräftiger Stoß mit der Rechten und der Laden schwingt auf. Kühl und belebend strömt die Morgenluft hinein. Was für eine Wohltat im Vergleich zur abgestandenen, verrauchten Luft in seinem Rücken. Im Osten graut der Tag herauf, und es wird Zeit, das Tagwerk zu beginnen.

Gaius muss das fünfte Lebensjahrzehnt erreicht haben, so genau weiß er das aber nicht. Er ist jetzt im zehnten Jahr auf diesem Hof, den er sich von der Abfindung der Legion gekauft hat. Guter Boden und ein festes Haus im hügeligen Vorland der dem Apollo Grannus geweihten Stadt. Mit seinen sechs Fuß übertrifft er die meisten seiner Nachbarn an Kraft und Größe. Und er sieht noch gut aus, trotz seiner grauen Haare, die er sorgsam pflegt. Nicht länger als die Breite seines Daumens und an der Stirn akkurat abgeschnitten, wie er es von der Legion gewohnt war. Seine Frau ist vor Jahren einer dieser tückischen Krankheiten erlegen, die in den letzten Jahren die Provinzen des Nordens heimsuchten. Nur Jupiter weiß, wer sie eingeschleppt hat. Seinen Sohn hat er nicht mehr gesehen, seitdem der sich bei der Legion in Vetera verpflichtete.

Die Vorfreude auf diesen Morgen ist von Tag zu Tag gewachsen, weil es nach Aquis auf den Markt geht. Am Abend hat er in der Scheune alles zusammengestellt, was sich heute mit Gewinn verkaufen lässt. Eine Kiste mit frisch gezogenen Möhren, die gepökelten Würste der letzten Schlachtung, Bohnen, Äpfel, getrocknete Gewürze und mehre Töpfe mit Honig. Gaius überschlägt noch einmal im Kopf den voraussichtlichen Gewinn und lächelt. Das muss für das dringend benötigte Saatgetreide reichen. Und drei oder vier Krüge mit Wein sind auch noch drin.

Es ist draußen heller geworden, und er kann bereits die Obstbäume vor der Hofumzäunung deutlich erkennen. Er atmet noch einmal tief ein und zieht den Mantel enger um die Schultern. Es ist kühl und ihn fröstelt. Aber es hilft nichts. Wenn er sich nicht hungrig auf den Weg machen will, muss er den Backofen anheizen. Im Halbdunkel der Küche sucht er nach dem Kasten, in dem sich seine Feuerungsgeräte befinden. Es ist alles in bester Ordnung, so dass er sich in den Ofen beugen und Holzspäne über den trockenen Zunderschwamm schichten kann. Er braucht nur zweimal mit dem Eisen gegen den Feuerstein zu schlagen, bis der Funke sich in das federleichte Material frisst. Sein Atem facht die Glut an, aus der sogleich eine Flamme züngelt, die im Nu die Späne erfasst. Sofort schichtet er mehr Holz hinzu, greift in den Hohlraum unter der Ofenöffnung und legt mit beiden Händen Holzscheite nach. Ein Lächeln gleitet über seine kantigen Züge und die blauen Augen blitzen im Triumph. Im Anfeuern macht ihm keiner etwas vor.

Neben der wohligen Wärme, die das Feuer verbreitet, erhellen die Flammen bald den Raum. Gaius tunkt beide Hände in einen Eimer und trocknet sich mit einem Tuch ab. Darauf holt er den Topf mit dem von Epona am Vorabend gekneteten Teig aus dem Regal. Die Treverin ist die einzige Magd, der es gestattet ist, im Haus nach dem Rechten zu sehen. Er nimmt das Tuch weg und sieht, dass er noch einmal kräftig gegangen ist.

Zur Vorsicht riecht er daran, um den dummen Fehler nicht zu wiederholen, der ihm vor Wochen unterlaufen ist. Epona trägt es ihm bis heute noch nach, dass der sorgsam gehütete Sauerteig im Ofen gelandet war. Es gab so lange nur aus Wasser und Brot geknetetes, stockhartes Brot, bis sich ein von Epona mit Most und Honig neu aufgesetzter Sauerteig entwickelte.

Wenig später liegen zwei runde Fladen auf der bemehlten Tischplatte. Mit der flachen Hand prüft er kurz die Hitze im Innern des Ofens und legt noch einige Scheite nach.

In diesem Augenblick betritt Epona die Küche. Sie geht zum Tisch, beugt sich über die Fladen und schaut zur Vorsicht in den Topf, in dem sie ihren Sauerteig verwahrt.

»Ich füttere das Vieh«, meint sie kurz angebunden und verlässt die Stube. Gaius blickt ihr versonnen nach. Vielleicht sollte er ihr endlich anbieten, nicht das Haus, sondern auch das Bett mit ihm zu teilen. Bevor ihm einer der Knechte aus der Nachbarschaft zuvorkommt und sie am Ende noch schwängert. Er hat sie gern, die üppige, junge Frau mit dem flachsblonden Haar.

»Sie wird immer schöner«, murmelt er.

Ein Blick in den Ofen sagt ihm, dass er jetzt heiß genug ist. Er rückt die brennenden Scheite zur Seite, bläst die Asche fort und schiebt die Fladen hinein. Die eiserne Ofentür quietscht, als er den Riegel vorschiebt

Es ist hell geworden, als Gaius vor die Tür tritt. Im Garten zieht er einige Knoblauchknollen aus der Erde und pflückt frisches Selleriegrün, Raute und einige Blätter vom Koriander. Zurück im Haus entblättert er den Knoblauch und gibt ihn mit den Kräutern in eine Reibschale. Mit der Rechten greift er dann in seine Gewürztöpfe und fügt ausreichend Salz und etwas vom teuren Pfeffer hinzu. Den Abschluss bildet ein Stück vom harten, bröckligen Ziegenkäse. Der wuchtige Stößel, den Gaius mit geübter Hand führt, zermust alles zu einer betörend duftenden Masse. Als er sich wegen der Anstrengung den Schweiß von der Stirn wischen will, gerät er mit den Fingern an die Augen, die sofort zu tränen beginnen.

»Bei den Schwänzen des Höllenhundes!« Epona würde lachen, wenn sie es gesehen hätte. Mit dem Saft des Knoblauchs ist nicht zu spaßen. Ein wenig vom guten Olivenöl macht die Mischung schließlich noch sämiger. Schließlich ballt er mit einem geschickten Griff den Inhalt der Schale zu einer Kugel und befördert die Masse mit geübtem Schwung in eine hölzerne Schale.

Inzwischen sind die Fladen gelungen. Es klingt hohl, als Gaius mit den Fingern gegen den heißen Boden klopft. Er lässt sie noch etwas auskühlen, bevor er einen aufbricht und das noch dampfende Backwerk mit dem Ergebnis seiner köstlich duftenden Arbeit bestreicht. Ein Becher mit Brunnenwasser rundet sein Frühstück ab.

An dieser Stelle eine Danksagung an den Dichter Vergil, dem die literarische Patenschaft an dieser Szene zusteht.

Moretum (Käsepaste)
nach Vergil

Zutaten:

250g Schafs- oder Ziegenkäse
3-5 Knoblauchzehen
1 Frühlingszwiebel
Salz nach Belieben
Olivenöl
1 Prise getrocknete Weinraute
10 zerstoßene Pfefferkörner
frischer Koriander
frisches Selleriegrün

Zubereitung:

Knoblauch und Kräuter klein schneiden und mit den Gewürzen in einen Mörser geben. Unter Zugabe von Olivenöl eine dickflüssige Würzmischung erstellen. Zum Schluss den Käse hineinbröckeln und alles zu einem glatten Mus verarbeiten.

Je nach Geschmack kann man noch weitere Kräuter wie Bohnenkraut, Dill oder Liebstöckel hinzufügen. Moretum schmeckt am besten zu frischem Fladenbrot. Aller Geruchsbelästigung zum Trotz ein perfekter Start in den Tag.

Panis Secundaris (Fladenbrot)

Zutaten:

500 g Weizenmehl
1 Päckchen Trockenhefe
2 TL Salz
Wasser

Zubereitung:

Die Zutaten unter Zugabe von Wasser zu einem elastischen Teig kneten. Circa 1 Stunde gehen lassen und noch einmal durchkneten. Flache, ca. 1 cm dicke scheibenförmige Fladen formen und im Backofen bei 220 °C ca. 20 Minuten backen.

Je nach Geschmack kann man dem Teig gemahlenen Fenchel, Anis, Kümmel, Zwiebel oder andere Kräuter hinzugeben.

Die Trockenhefe ist eine zeitsparende Alternative zum Sauerteig, den die Römer unter Zuhilfenahme natürlicher Hefen (z.B. Most) herstellten.

Panis Candidus (Weizenbrot)

Zutaten:

500 g Mehl
1 Päckchen Backpulver
Wasser
Prise Salz
Kräuter nach Belieben

Zubereitung:

Aus dem Teig einen runden Brotteig formen und mit einem Messer auf der Oberseite radiale Schnitte einkerben. Ca. 30 Minuten bei 200 °C im vorgeheizten Backofen backen. Es empfiehlt sich, eine Tasse Wasser hinzuzustellen. Das Brot ist gut, wenn es beim Klopfen gegen die Unterseite hohl klingt (Klangprobe).

Die Römer schätzten vor allem Brot aus Dinkelweizen. Gerste und Roggen waren eher verpönt und den ärmeren Bevölkerungsschichten vorbehalten. Es empfiehlt sich, dem Brot Süßwein oder Passum (auf ein Drittel reduzierter süßer Wein) zuzugeben. Leicht gesüßtes Brot wurde gerne zu Fleischgerichten gereicht.

Die Taverne des Maximus

Gaius lächelt zufrieden, als er den Beutel mit den Tageseinnahmen in der Hand wiegt.

Bis auf einige verschrumpelte Möhren und eine Handvoll Zwiebeln hat er seinen gesamten Warenbestand an den Mann gebracht. Er benötigt keinen der herumlungernden Tagelöhner, um sein Inventar zum nahen Mietstall zu bringen, wo er den Wagen mit dem Zugochsen abgestellt hat. Für die beiden Böcke mit der darübergelegten Holzplatte braucht er keine Hilfe. Die zwei Asse für den Mann kann man sich sparen, oder besser: für einen Imbiss in der Taverne seines Freundes Maximus verwenden; als schöner Abschluss eines erfolgreichen Tages.

»Welche Freude. Wir haben uns eine Ewigkeit nicht mehr gesehen.« Lucius Iunius Maximus strahlt über beide Backen seines feisten Gesichtes. Er wischt sich die Hände an der fleckigen Schürze ab, die sich über seinen Bauch spannt. Der Schweiß glänzt ihm noch auf der Stirn, als er seinen Platz am Ofen verlässt und dem Freund über den Verkaufstresen hinweg die Hand reicht. Die beiden kennen sich seit ihrer gemeinsamen Zeit in der Legion, wo er das Handwerk des Bäckers erlernte. Es war Fortunas unstetem Wandel zu verdanken, dass sie sich an einem Markttag vor fünf Jahren wiedergesehen haben. »Was kann ich dir Gutes tun?« Er schiebt Gaius einen Becher mit Wein zu und schüttelt abwehrend beide Hände, als sein Freund nach seinem Beutel greift.

Gaius dankt und lässt seinen Blick über die Töpfe des Herdes und die Öffnung des Ofens schweifen. »Was kannst du mir heute empfehlen?«

»Etwas ganz Besonders.« Lucius strahlt und führt Zeige- und Mittelfinger an die Lippen seines Mundes. Dabei schnalzt er genießerisch mit der Zunge. »Einen Teller Linsen mit lukanischen Würstchen?«

Gaius wiegt unschlüssig den Kopf.

»Vielleicht eine Scriblita, einen warmen Fladen mit Olivenöl, Kräutern und Käse?« Die Begeisterung steht dem Tavernenwirt gleichsam ins Gesicht geschrieben, als er mit dem Kopf in den Hintergrund des Schankraums weist. Ein Gehilfe knallt gerade einen Teigklumpen auf die bemehlte Arbeitsfläche, dass es weiß aufstiebt. Dann klopft er mit geübten Schlägen einen kreisrunden Fladen, tröpfelt aus einem schlanken Krug gelbliches Öl darüber, verteilt großzügig Salz und Kräuter und bröckelt Hartkäse darauf. Als er fertig ist, bugsiert er das Backwerk auf einen Schieber und schiebt alles in den Ofen.

»Oder …« Lucius Maximus scheint in Begeisterung und Verzückung zu vergehen. Er faltet seine fettigen Hände und schließt die Augen. »Eine Sala Cattabia, wie du sie sonst nur in der Colonia oder der Treveris bekommst.«

»Eine Sala Catta…?« Gaius blickt fragend hoch. »Noch nie gehört.«

»Bestes Hühnerfleisch, zart gekocht und mit einer Sauce, nach denen die Götter sich die Finger lecken. Dazu würziger Käse und über Nacht im Keller kühl gestellt. Ein Traum.«

»Und?«, fragt der Wirt nach, weil Gaius nicht reagiert. »Ich gebe noch etwas Liquamen drauf. Bestes Fischöl aus Kampanien.«

»Aber nicht zu viel«, wehrt der Bauer erschrocken ab. Eigentlich mag er diese Ingredienz der Reichen nicht. Sie schmeckt ihm zu muffig. Aber er will seinen Freund auch nicht enttäuschen. »Nur ein wenig. Was soll diese Kostbarkeit kosten?«

»Drei Asse«, antwortet Maximus rasch. »Für dich nur zwei. Aus alter Freundschaft.«

»Einverstanden.« Gaius ergibt sich in sein Schicksal und schaut zu, wie der Wirt seinen Imbiss bereitet. Zuerst Brotstücke in einen ausladenden Napf, darüber das Hühnerfleisch in der zugegebenermaßen köstlich riechenden Sauce. »Wohl bekomm's, Gaius.«

Der Bauer nickt anerkennend, als er den ersten Bissen herunterschluckt. »Nicht schlecht Lucius. Das schmeckt gut.«

»Sag ich doch.« Lucius Maximus strahlt. Während sein Freund hingebungsvoll den Imbiss hinunterschlingt, wischt er sich mit einem Tuch über die Stirn. »Wie geht es deinem Sohn?«, wechselt er das Thema. »Immer noch nichts gehört?«

Gaius verneint mit vollem Mund.

»Wenn man nichts hört, geht es ihnen gut. Es ist ruhig an den Grenzen. Die machen sich in Vetera ein gemütliches Leben. Schreib ihm doch, dass er sich zur Ernte abstellen lässt. Die machen das.«

Kein schlechter Gedanke, denkt Gaius, während er den letzten Bissen mit einem Schluck aus seinem Becher herunter spült. »Ich werde ihm schreiben.«

»Mach das Gaius. Und wenn er hier ist, kommt ihr zuerst zu mir. Es gibt in der Stadt keine bessere Küche als die des Maximus.«

Der Bauer legt zwei Asse auf den Tresen und lacht. »Abgemacht, Lucius. Kannst du mir noch sagen, wo ich hier ein schönes Umhangtuch bekomme? Ich möchte Epona etwas mitbringen.«

Lenticulum de lucanicis
(Linseneintopf mit lukanischen Würsten)

Zutaten:

500g getrocknete Tellerlinsen
Salz
250g Räucherwurst
1 TL geschroteter Pfeffer
3 gehackte Knoblauchzehen
1 Prise Kreuzkümmel
frischer Koriander
frische Minze
1 Prise getrocknete Weinraute
Liquamen (Fischsauce)/Salz
2 EL Weinessig
3 EL Honig
Olivenöl

Zubereitung:
Die Linsen über Nacht einweichen und 45 Minuten in Salzwasser kochen. Kräuter und Gewürze im Mörser zerstampfen. Mit den in Stücken geschnittenen Würsten unter die Linsen geben und kochen, bis die Flüssigkeit fast verdampft ist. Mit Weinessig, Honig Liquamen/Salz abschmecken. Zum Schluss Olivenöl darüber geben.

Im Originalrezept werden Kastanien, die außerhalb der Saison nur schwer zu bekommen sind, statt Räucherwurst verwandt. Die lukanischen Würstchen kann man problemlos durch geräucherte Mettwurst ersetzen. Anstatt getrockneter Linsen kann man auch bereits gekochte aus der Konserve verwenden.

Scriblita (belegter Teigfladen)

nach Cato

Zutaten:

500 g Weizenmehl
Trockenhefe
Salz
Wasser
200 g geriebener Hartkäse (Schaf, Ziege)
5 Knoblauchzehen
getrocknete oder frische Kräuter (Oregano, Basilikum, Thymian)
Olivenöl

Zubereitung:

Teig wie für Teigfladen vorbereiten. Zu einem kreisrunden Fladen ausrollen. Mit Olivenöl beträufeln und salzen. Nach Geschmack mit gehacktem Knoblauch, den Kräutern und geriebenem Käse bestreuen und anschließend mit einer Gabel einstechen. Wie eine Pizza 5-10 Minuten bei 200 °C im Ofen backen.

Das Rezept gleicht der italienischen »Pizza Pugliese«. Man kann die Scriblita nach Belieben mit allen Zutaten belegen, die in römischer Zeit zur Verfügung standen. Viel Freude beim Experimentieren.

Sala Cattabia (pikantes Hühnerfleisch auf Brot)

nach Apicius

Zutaten:

1 Huhn/Masthähnchen
1 EL Dillsamen
Salz
300 ml Wein
100 ml Honig
2 EL Essig
1 EL Öl
frisches Selleriegrün
1 Bund frische Minze
1 Bund frischer Koriander
1 Stück Ingwer
1 gehackte Zwiebel
10 geschrotete Pfefferkörner
50 g geriebener Hartkäse
50 g Rosinen
geröstete Pinienkerne
1 Fladenbrot

Zubereitung:

Das Huhn in Wasser, Salz und Dill gar kochen. Das Fleisch von den Knochen lösen und beiseitestellen. Den Honig in den erwärmten Wein geben. Die im Mörser zerstoßenen Kräuter und Gewürze dazu geben und erhitzen. Die heiße Sauce über das Fleisch geben. Geröstete Pinienkerne, Rosinen und Hartkäse unterrühren. Fladen zerbrechen und die Stücke in eine Auflaufform geben. Die Fleischmischung darüber geben und über Nacht kühl stellen.

Eines der besten Gerichte der römischen Küche. Von Apicius wird nicht erwähnt, wie das Huhn zubereitet werden soll. Am sinnvollsten ist es, nach dem Grundrezept für gekochte Vögel (Apicius) vorzugehen. Je nach Konsistenz des Gerichts sollte man die Mischung erst vor dem Servieren über das Brot geben, damit es nicht zu sehr durchweicht. Das Gericht eignet sich auch als perfekte Vorspeise.

Ein Tag im Leben eines Legionärs

Marcus Domitius Pulcher rührt hastig mit seinem Holzlöffel durch den Topf. Er hat sich viel zu lange mit dem Schreiben des Vaters befasst und das gemeinsame Abendessen um ein Haar anbrennen lassen.

Bitte um Urlaub, um mir bei der Ernte zu helfen, hat sein Vater ungelenk auf den Papyrusfetzen gekritzelt, den er wahrscheinlich für teures Geld erworben hat. Es muss wichtig sein, fährt es dem Legionär durch den Kopf, wenn er sich die ungewohnte Arbeit gemacht hatte. Seine Gedanken schweifen ab in die Hügel um Aquis, wo er aufgewachsen ist. Von Kindesbeinen an musste er seinen Vater bei der Feldarbeit und der Versorgung des Viehs unterstützen, was ihm später bei der Legion geholfen hat. Kräftig und hochgewachsen waren ihm die Strapazen der Ausbildung leichtgefallen. Was wohl aus der hübschen Epona geworden ist, die kurz vor seiner Abreise ihren Dienst auf dem Hof angetreten hat? Eine neue Frau würde dem Vater guttun.

Marcus knabbert an dem letzten Stück Zwieback, das vom Frühstück übriggeblieben ist. Den Speck und das Stück Hartkäse der Tagesration hat er bereits in Stücke geschnitten und in den köchelnden Brei gegeben. Es soll ja schmecken, und er ist der beste Koch seines Contuberniums, vielleicht sogar der ganzen Centurie.

»Die Puls wird viel zu dünn. Hier, nimm das noch.« Das Mahlen der Getreidemühle ist verstummt und der Kamerad, der sie bedient hat, wirft mit beiden Händen frisches Mehl in den Topf.

»Bei den Schwänzen des Höllenhundes! Nicht so viel. Das klumpt und backt sonst an.« Verzweifelt rührt Marcus weiter und versucht das Schlimmste zu verhindern. »Gib mir den Krug mit dem heißen Wasser. Schnell, wenn die Puls nicht verderben soll!«

Ein anderer Legionär, sein Freund Quintus, steckt einen Finger in den Topf und schleckt ihn prüfend ab. »Da fehlt noch Salz, Marcus. Und von den Kräutern und dem Speck schmeckt man noch nichts.«

»Das braucht seine Zeit«, belehrt ihn ein Optio, der hinzugetreten ist. »Keiner macht die Puls besser als Marcus.« Er reibt sich das Kinn und fixiert den jungen Soldat mit den Augen. »Krieg ich was ab, wenn du fertig bist?«

»Selbstverständlich, Optio.« Um seinem direkten Vorgesetzten zu gefallen wirft Marcus gleich den kompletten Vorrat an Pfefferkörnern in den Brei. »Aber es dauert noch eine halbe Stunde.«

»Ich kann warten.« Der Unteroffizier schnappt sich einen Schemel und setzt sich zu den Männern unter das Vordach der Mannschaftsbaracke. »Was war das heute auf dem Übungsmarsch, Marcus? Bist du von allen Göttern verlassen?«

Zuerst zucken die Mundwinkel des Legionärs, dann starrt er in die glühenden Holzkohlen des Herdfeuers. Mittlerweile verflucht er, was er im Übermut angerichtet hat.

Es war der letzte Tag des Übungsmarsches und der Centurio ordnete wie üblich die Errichtung eines befestigten Marschlagers an. Dabei widerfuhr Marcus das Unglück, dass sein an den Enden zugespitzter Schanzpfahl in der Mitte brach. Ein Wunder, dass er überhaupt so lange gehalten hat. Man hätte das Teil längst austauschen müssen. Der Centurio zog ihm zuerst mit dem Stock eins über und schob ihm die alleinige Schuld zu. Zusätzlich ordnete er an, den Pfahl von Marcus' Sold abzuziehen. Der jähzornige und verschlagene Fettwanst war selbst am Morgen noch verstimmt gewesen. Er befahl den Männern des Contuberniums, ihre Schanzpfähle selber zu tragen, um das Tragtier zu schonen. Wenn ihr solche Esel seid, schrie er sie an, könnt ihr auch seine Arbeit machen. Voller Wut über diese weitere unsinnige Anordnung warf Marcus seinen Pfahl in die Büsche. Eine Torheit, die dem Centurio nicht lange verborgen blieb. Auf die Frage, wo sein Schanzzeug sei, antwortete Marcus, ihn weggeworfen zu haben. »Wenn ich ihn ersetzen muss, brauche ich ihn auch nicht weiter zu schleppen.«

Mehr als diese Aufsässigkeit hatte den Offizier das zustimmende Lachen der Truppe geärgert. Unter Androhung von Konsequenzen kehrte er dem aufsässigen Legionär den Rücken.

Der Optio schüttelt den Kopf und nimmt einen Schluck Posca aus dem Becher, den ihm einer der Kameraden eilfertig reicht. »Marcus, du hast es dieses Mal zu weit getrieben. Du sollst in einer Stunde zum Centurio kommen und bei seinem Gastmahl aushelfen. Eine der Küchenhilfen hat sich das Bein gebrochen. Reiß dich zusammen und mach keinen Fehler. Der Mann ist unberechenbar, wenn er getrunken hat. Ach ja, Urlaub brauchst du in nächster Zeit nicht zu beantragen. Sei froh, wenn du so billig wegkommst.«

Jetzt bekommt es Marcus mit der Angst zu tun. Er schluckt, wirft eine Handvoll Kräuter in die Puls und rührt verbissen darin herum. Wie soll er bloß halbwegs glimpflich aus der Sache herauskommen?

Puls (Polenta)

Zutaten:

250 g Mehl
1 l Wasser
1 EL Salz
1 gehackte Zwiebel
3 gehackte Knoblauchzehen
100 g geräucherter Speck
Kräuter nach Belieben
(Selleriegrün, Bohnenkraut, Dill …)

Zubereitung:

Speck, Zwiebel, Knoblauch und Gewürze in Öl anbraten. Wasser hinzufügen. Das Mehl portionsweise unterarbeiten, damit es nicht klumpt. Unter ständigem Rühren ca. 1 Stunde lang zu einem Brei kochen.

Es empfiehlt sich, anstelle des Mehls mit Bulgur oder Hartweizengries zu arbeiten. Das erleichtert die Zubereitung und führt zu einem ähnlichen Ergebnis.

Man kann zum Schluss noch geriebenen Hartkäse zugeben. Eine schmackhafte Alternative besteht darin, die eingekochte Puls in der Pfanne zu braten oder im Ofen bei 200 °C zu backen, bis sie hart ist.

Posca (Essigwasser)

Zutaten:

Wasser
Essig

Zubereitung:

Wasser und Weinessig im Verhältnis von ca. 1:20 mischen

Es entsteht ein durstlöschendes Getränk, das seinen Zweck vor allem bei harter körperlicher Arbeit erfüllt. Man kann den Essig auch durch trockenen Wein ersetzen und erhält somit eine sehr leichte Schorle.

Bucellatum (Zwieback)

Zutaten und **Zubereitung** siehe das Rezept für Fladenbrot oder Brot.

Das fertig gebackene Brot in Stücke schneiden und bei 200 °C im Ofen trocken backen.

Zwieback war haltbarer als Brot und wegen des bis zur Hälfte reduzierten Gewichts leichter zu transportieren.

DAS GASTMAHL DES CENTURIOS

Zur angegebenen Zeit macht sich Marcus fertig und begibt sich zur Dienstwohnung des Centurios. Die Puls hat er eher lustlos hinuntergelöffelt, während er seine Caligae reinigte. Der Centurio ist dafür bekannt, hervorragende und üppige Gastmähler auszurichten; es wird sicherlich etwas für die Bediensteten und Aushilfen abfallen. Vielleicht auch etwas für ihn, obwohl er auf der »schwarzen Liste« steht. Ihm war jedoch die Bemerkung des Optio auf den Magen geschlagen. Wie gerne würde er dem Ruf seines Vaters nach Aquis folgen.

Vor dem eingeschossigen Fachwerkhaus steckt er die Nase unter die Ärmel seiner rostroten Ausgehtunika und findet, dass sie eigentlich ganz passabel riecht. Einzig der Ölfleck am Bauch hat der letzten Reinigung getrotzt. Das polierte Cingulum, der Militärgürtel, vervollständigt seinen Aufzug.

Je näher er seinem Ziel kommt, desto unwohler wird ihm. Im Haus empfängt ihn der Koch, ein vom Centurio freigelassener Sklave, und weist ihm einen Arbeitsplatz im Hintergrund der geräumigen Küche zu. Direkt neben dem Backofen, wo es am wärmsten ist. Marcus hat kaum auf einem Schemel an dem groben Arbeitstisch Platz genommen, als der grobschlächtige Herr der Kochtöpfe und Pfannen ihm einen Korb mit hart gekochten Eiern zuschiebt.

»Schälen! Mach das bloß ordentlich und beeil dich. Die Herren Offiziere und andere Gäste kommen gleich.« Er hält kurz inne und mustert ihn misstrauisch. »Wehe, wenn ich dich erwische, dass du dir etwas in den Mund steckst!«

Marcus beschließt auf der Stelle, den feisten Glatzkopf nicht zu mögen und macht sich an die Arbeit. Er hat Glück, dass es relativ frische Eier sind, die sich leicht pellen lassen. Auch das Messer ist scharf. Es gleitet wie durch Butter und teilt Eiweiß und Dotter in gleiche Hälften. Sorgsam entfernt er die gelbe Masse und legt sie in die Reibschale, die ihm die hübsche Küchenmagd zugeschoben hat. Interessiert sieht er zu, wie die junge und unglaublich blonde Frau Pinienkerne, Honig und etwas Liquamen zugibt und alles zu einer sämigen Masse verarbeitet.

»Wirst du wohl arbeiten«, schnauzt ihn der Koch an. Er wirft ihm ein Kräuterbündel auf den Tisch. »Alles kleinschneiden und im Mörser zerquetschen. Mach schon!«

In diesem Augenblick springt die Tür auf und der Centurio Kaeso Caedicius steht auf der Schwelle. Marcus sieht nur die sündhaft teuren Halbstiefel, den unteren Teil der Tunika und die kostbar blinkenden Beschläge des Cingulums, das sich über seinen Bauch spannt. Er wagt es nicht, aufzublicken.

»Da ist ja der ungehorsame Legionär.« Die Stimme trieft vor Geringschätzung und Verachtung. »Schaust du mich wohl an!«

Marcus hebt die Augen und sieht, dass der Offizier überflüssigerweise seine Vitis, den Stock, in den mit Armreifen geschmückten Händen trägt.

»Macht er seine Sache gut?«, wendet er sich an den Koch.

»Ich achte darauf, Centurio. Wie du es befohlen hast.« Ein Hackbeil in der Hand, deutet der Gefragte eine devote Verbeugung an.

»Das will ich dir auch geraten haben.« Lucius Kaeso richtet die Spitze seines Stocks auf Marcus. »Untersteh dich, früher zu gehen. Du bleibst bis zum Schluss. Ich lasse dich holen, um dir deine Strafe zu verkünden. Wenn du dich gut hältst, fällt sie milder aus.« Er kehrt den Anwesenden den Rücken, wirft die Tür hinter sich zu und stapft über die hallenden Holzdielen den Flur hinab.

»Du hast gehört, was dein Centurio gesagt hat.« Der Koch wirft ihm ein weiteres Bündel aus betörend duftendem Koriander, Liebstöckel, Selleriegrün und Rauke zu.

Marcus nickt und macht sich mit zusammengepresstem Mund wieder an die Arbeit. Sein gestrenger Aufseher wendet sich unterdessen dem Herd zu und fischt einen Schinken aus dem darauf dampfenden Kessel. Das Fleisch hat seit einer halben Stunde in einer Brühe aus Salz und gehackten Feigen gesiedet.

»Ich heiße Brunilla«, flüstert die Magd Marcus zu. »Es wird nicht so arg werden.«

Der Legionär tauscht einen Blick mit dem Mädchen und fühlt einen wohligen Schauer. Er kann sich nicht erinnern, jemals in solch blaue Augen geblickt zu haben.

»Was machen die Kräuter?«, herrscht ihn der Koch an. »Fertig?«

Marcus nickt.

»Die sagen, du kannst kochen, oder was ihr so kochen nennt. Mach aus Mehl, Wasser und ein wenig Öl einen elastischen Teig, der sich gut verarbeiten lässt. Füge noch ein Ei hinzu, das macht es einfacher. Und sei bloß sparsam mit dem teuren Olivenöl.« Er springt zurück an den Herd und beginnt in einem Topf zu rühren, aus dem es nach gesottenem Fleisch und Aprikosen duftet. Dann widmet er sich wieder dem Schinken, den er an der Oberseite rautenförmig einritzt, mit Honig bestreicht und zum Schluss pfeffert.

»Was ist mit dem Teig, Legionär? Der Schinken muss in den Ofen.«

Marcus knetet, bis ihm die Arme schmerzen. Ungeduldig reißt der Koch ihm schließlich das Verlangte aus den Händen.

»Der Fisch«, brüllt er die Magd an. »Wo ist der Fisch?« Ohne auf ihre Antwort zu warten, beginnt er den Teig um den Schinken zu schlagen.

»Und du …!«, bekommt Marcus wieder sein Fett ab. »Knack die Nüsse und tu sie mit dem eingelegten Öl in die Schälchen.«

Er blickt hilflos zu Brunilla, die ihm rasch die benötigten Utensilien hinstellt, ehe sie den Schuppen der Brasse mit einem Messer zu Leibe rückt.

Inzwischen haben sich die Gäste eingefunden, was Marcus aus dem entfernten Murmeln vom Speisezimmer schließt. Deutlich erkennt er die Stimme des Tribuns Valerius. »Mars sei Dank«, schießt es ihm durch den Kopf. »Wenn er dabei ist, wird der Centurio sich zurückhalten. Valerius ist ein guter Vorgesetzter.«

»Beeil dich, Brunilla.« Die Magd stellt eilig alle Vorspeisen auf der Arbeitsplatte zusammen und erwartet ergeben den nächsten Befehl.

»Schenk zuerst Mulsum aus und nimm Oliven, den Ziegenkäse, Nüsse und Brot mit. Danach die lukanischen Würstchen und die Pilze in Honig. Und wasch dir vorher die

Hände.« Als wenn er etwas nicht länger aufhalten könne, verzieht der Koch plötzlich das Gesicht und fasst sich an den Bauch. »Ich muss auf die Latrine«, ächzt er und rauscht aus der Küche.

»Wie hältst du das bloß aus, Brunilla?«, fragt Marcus, als die Magd aus dem Speisezimmer zurück ist.

»Wenn es hier normal zugeht«, antwortet das Mädchen, »ist er eigentlich ganz umgänglich. Er hat auch nur Angst vor Kaeso Caedicius.«

Marcus nickt.

»Sei froh, dass der Händler heute keine Austern dabei hatte.« Brunilla dreht ihm ihr hübsches Gesicht zu. »Rissige und blutige Finger sind das Mindeste, was man sich beim Öffnen einhandelt. So gesehen hast du es heute ganz gut.« Sie schnappt sich Becher und Weinkrug und eilt hinaus.

Auf diesen Augenblick hat der Legionär nur gewartet. Endlich allein. Ein letzter Blick noch zur geschlossenen Tür und er springt zur Arbeitsplatte, wo die Würstchen in einer Schüssel dampfen. Das Wasser läuft ihm im Mund zusammen, als er eines herauszieht und voller Genuss hineinbeißt. Rasch schiebt er die übrigen wieder zusammen, damit es nicht auffällt und setzt sich an seinen Platz. Keinen Augenblick zu früh. Der Koch stürmt, gefolgt von Brunilla, in die Küche. Das Mädchen stutzt, als sie die Schüssel hochnehmen will. Ein Lächeln huscht über ihr Gesicht und es zuckt in ihren Mundwinkeln, als sie Marcus mit dem Finger droht.

Zum Glück der beiden hat der Koch nichts mitbekommen. Er muss sich um den Braten im Ofen kümmern, dessen Teighülle sich bedenklich verfärbt hat. Als er das Unglück gerade noch abgewendet hat, erteilt er Marcus die nächste Weisung. Dieser soll den Wein durch ein Sieb in die leeren Krüge rinnen lassen, um die Rückstände herauszufiltern. Er schreibt ihm auch penibel die Wassermenge vor, die er zugeben soll. Im Laufe des Abends verschiebt sich das Mischungsverhältnis immer weiter zugunsten des Weins.

Immer häufiger muss Brunilla ins Speisezimmer, um die hungrigen Mägen und trockenen Kehlen mit Nachschub zu versorgen. Dem Koch perlt der Schweiß von der Stirn, weil er kaum noch nachkommt, den Speisen mit Gewürzen und Zutaten den letzten Schliff zu geben. Das Minutal aus Fleisch und Aprikosen, der Schinken im Teigmantel, der Fisch und das numidische Huhn verlangen ihm alles ab. Dazu noch die Beilagen aus Erbsen, Lauch und Bohnen. Marcus kann sich nicht erinnern, jemals so viele Köstlichkeiten auf einen Blick gesehen zu haben. Sein Elternhaus war nie arm, aber eine solche Fülle hätte sein Vater als Verschwendung angesehen.

Brunilla ist ebenfalls am Ende ihrer Kräfte, als sie endlich die Süßspeisen servieren darf: gefüllte Datteln, süßes Honigbrot und ein mit Mohn bestreuter Kuchen.

Überreste eines Gastmahls

VORSPEISEN

Mulsum
(gewürzter Honigwein)
nach Apicius

Zutaten:

2 l trockener Weißwein
500 g Honig
1 Prise getrocknete Weinraute
10 zerstoßene Pfefferkörner
10 klein geschnittene Datteln
1 Prise gemahlener Koriander

Zubereitung:
Wein und Honig im Verhältnis 1:4 mischen und erwärmen. Die Zutaten dazugeben, im geschlossenen Topf erkalten und über Nacht stehen lassen. Durchsieben, in Flaschen füllen und im Keller kühl lagern.

Den Koriander und die Weinraute bitte vorsichtig dosieren, damit sie nicht zu dominant werden. Kühl gelagert hält sich der Mulsum mehrere Monate und wird besser, je länger er liegt.

Ova elixa
(Eier mit Würzsauce)
nach Apicius 328 und 329

Zutaten:

8 hartgekochte Eier
50 g Pinienkerne
2-3 EL Honig
10 zerstoßene Pfefferkörner
1 Schuss Liquamen/Salz
1 EL Essig

Zubereitung:
Die Eier hart kochen und halbieren. Die in Wasser eingeweichten Pinienkerne (mehrere Stunden) im Mörser zerstampfen. Die Zutaten dazugeben und die Masse über die Eier geben und kalt servieren.

Die Römer liebten Eier am liebsten wachsweich gekocht. Als Alternative kann man die harten Eidotter auch unter die Sauce geben und die Eier mit der Paste füllen.

Lucanicae
(Lukanische Frikadellen)
nach Apicius 315

Zutaten:

500 g Hackfleisch, gemischt
50 g Pinienkerne
1 TL getrocknete Weinraute
1 TL Liquamen/Salz
10 zerstoßene Pfefferkörner
1 Prise Kreuzkümmel
frische Petersilie
1 TL getrocknetes Bohnenkraut

Zubereitung:

Die Pinienkerne in der Pfanne anrösten. Mit den Zutaten und Gewürzen unter das Fleisch geben und zu einem Brät verarbeiten. Kleine Frikadellen formen und in Olivenöl braten. Abtropfen lassen und warm oder kalt servieren.

Nach dem Originalrezept soll man das Brät in Därme füllen und als Würste räuchern. Für das Geschmackserlebnis empfiehlt sich die oben beschriebene Variante. Die Römer werden es ähnlich gehalten haben.

Boletos fungos

(gebratene Pilze)

nach Apicius 296

Zutaten:

250 g Champignons oder frische Waldpilze
2 EL Honig
1 kleingeschnittene Frühlingszwiebel
1 TL getrockneter Liebstöckel
1 Schuss Liquamen/Salz
10 zerstoßene Pfefferkörner
2 EL Olivenöl

Zubereitung:

Die Pilze halbieren und in Öl bei mittlerer Hitze anbraten. Gewürze und Zutaten dazugeben und die Pilze einige Minuten in der Sauce köcheln lassen. Heiß oder kalt servieren.

Nach Geschmack Knoblauch oder andere Kräuter zugeben.

HAUPTGANG

Perma
(Schinken im Teigmantel)
nach Apicius 290/291

Zutaten:

1000 g Schinkenbraten
20 getrocknete Feigen
3 Lorbeerblätter
3 EL Honig
2 EL Salz
Für den Teigmantel:
500 g Mehl
2 EL Olivenöl
Wasser
1 Ei

Zubereitung:

Den Braten mit dem Salz einreiben. Mit den Feigen und den Lorbeerblättern zwei Stunden bei 80 °C mit reichlich Wasser im Kochtopf garen und im Sud erkalten lassen.

Inzwischen den Teig zubereiten und ruhen lassen.

Den Braten aus dem Sud nehmen, auf der Oberseite rautenförmig einschneiden und den Honig auf dem Fleisch verteilen.

Den Braten mit dem Teig ummanteln und bei mittlerer Hitze (180 °C) ca. 1 Stunde im Backofen backen.

Nach dem Zerschneiden kann man die gebackene Hülle zum Fleisch servieren. Die Römer schätzten leicht gesüßtes Brot als Beilage.

Im Originalrezept wird ein gepökelter Schinken verwendet. Durch das starke Salzen und das lange Garen wird ein ähnlicher Effekt erzielt. Der reduzierte und durchgesiebte Sud eignet sich eingedickt hervorragend als Sauce.

Gekochte Dorade

nach Apicius 422

Zutaten:

1 küchenfertige Dorade
5 Datteln
10 zerstoßene Pfefferkörner
1 TL Liebstöckel
1 TL Thymian
1 TL Oregano
1 Prise Weinraute
2 EL Honig
50 cl Wein
Essig
Olivenöl
2 gehackte Eigelb

Zubereitung:

Den Fisch 20-30 Minuten in Salzwasser garen. Die Gewürze und Zutaten im Mörser zerstampfen. Wein, Essig, Honig und Öl in einem Topf aufkochen. Die Gewürze hinzufügen. Die Sauce über den Fisch geben und mit den Eidottern garnieren.

Das Gericht kann sowohl warm als auch kalt serviert werden. Anstelle des von Apicius genannten Bonito empfiehlt sich der meistverzehrte Fisch aus dem Mittelmeer, die Dorade.

Pullum numidicum
(Numidisches Huhn)
nach Apicius 240

Zutaten:

1 küchenfertiges Masthähnchen oder Huhn von ca. 1200 g
Salz
1 EL Dill
10 zerstoßene Pfefferkörner
1 Prise Kümmel
1 Prise Koriander
1 Prise getrocknete Weinraute
10 Datteln
50 g Pinienkerne
1-2 EL Honig
1 Schuss Liquamen/Salz
Olivenöl

Zubereitung:

Das Huhn mit Salz und Dill ca. 15 Minuten kochen. Mit Pfeffer bestreuen und bei 180 °C ca. 30 Minuten im Ofen backen.

Die Gewürze und die klein geschnittenen Datteln im Mörser zerstampfen. Essig, Honig und Öl hinzufügen und mit Liquamen oder Salz abschmecken. Zum Schluss die angerösteten Pinienkerne zugeben. Die Sauce kurz aufkochen, eventuell binden und über das Huhn gießen.

Es empfiehlt sich auch bei diesem Gericht, das Huhn nach dem Standardrezept für gekochte Vögel zuzubereiten.

BEILAGEN

Elixas baianas

(Bohnen wie man sie in Baiae macht)

nach Apicius V, 6,4

Zutaten:

500 g grüne Bohnen
4 EL Olivenöl
1 Stange Staudensellerie
1 Stange Lauch
2 EL Weinessig
2 EL Passum oder Süßwein
Liquamen oder Salz zum Abschmecken

Zubereitung:

Die Bohnen putzen, schneiden und mit etwas Olivenöl in Wasser ca. 30 Minuten kochen und 10 Minuten bei ausgeschalteter Platte fertig garen.

Den Lauch und die Selleriestange fein hacken und zu den abgetropften Bohnen geben. Essig und Öl darüber geben und mit Liquamen oder Salz abschmecken. Vor dem Verzehren eine Viertelstunde ziehen lassen.

Pisam Vitelliarum

(Erbsen nach Vilellius)

nach Apicius 194

Zutaten:

500 g frische Erbsen (oder TK)
1 Lauchstange
1 Büschel frischer Koriander
1 EL Liebstöckel
getrockneter Oregano
1 Prise Fenchelsamen
Liquamen/Salz
Olivenöl
50 cl Weißwein

Zubereitung:

Die Erbsen mit Wasser und Salz 10-15 Minuten gar kochen. Lauch und Koriander kleinschneiden und zu den abgeschütteten Erbsen geben. Die Gewürze und Zutaten im Mörser mit Wein zerstampfen und mit Liquamen/Salz abschmecken. Zu den Erbsen geben und mit Olivenöl beträufeln. Man kann anstelle der Erbsen auch dicke Bohnen nehmen.

SÜSSSPEISEN

Savillum
(süßer Honig-Käsekuchen)
nach Cato

Zutaten:

100g Mehl
500 g Mascarpone oder Quark
150 g Honig
1 Ei
Honig zum Übergießen
gemahlener Mohn

Zubereitung:

Aus dem Mehl, dem Ei, der Mascarpone und dem Honig einen Teig bereiten und mehrere Stunden ruhen lassen.

In eine eingefettete Form füllen und bei 160 °C ca. 50 Minuten backen. Der Kuchen ist gut, wenn beim Hineinstechen mit einer Nadel und beim Herausziehen nichts anhaftet.

Den Kuchen auf eine Platte geben, mit etwas warmen Honig übergießen und mit trockenen Mohnsamen bestreuen.

Man kann dem Teig nach Geschmack Rosinen, Mandeln oder Nüsse zugeben.

Dulcia (Honigbrot)

nach Apicius

Zutaten:

100 g Weizenmehl
200 ml Milch
5 EL Honig
gemahlener Pfeffer

Zubereitung:

Aus dem Mehl und der Milch einen steifen Brei kochen. Auf eine Unterlage (Backpapier) streichen (ca. 1 cm dick) und erkalten lassen. Vierecke aus der Masse schneiden und von beiden Seiten in Olivenöl bei mittlerer Hitze mehrere Minuten braten. Mit warmem Honig übergießen und pfeffern. Heiß oder kalt servieren.

Man kann der Mischung auch etwas Passum oder Süßwein zugeben. Wenn der Honig lange genug durchzieht, weiß man, woher das Baklava seinen Ursprung hat.

Dulcia domestica
(Gefüllte Datteln)
nach Apicius 301

Zutaten:

16 Datteln
geschrotete Haselnüsse
Salz
5 EL Honig

Zubereitung:

Die Datteln entsteinen und mit den Haselnusssplittern füllen. Mit Salz bestreuen und in der Pfanne in heißem Honig braten.

Es empfiehlt sich, die Datteln wegen des klebrigen Honigs mit hölzernen Zahnstochern zu servieren. Man kann sie auch mit Speck (Bacon) umwickeln und als Vorspeise servieren. Die Datteln schmecken heiß und kalt.

Commissio

»Merum! Vinum Merum!«, hallt es aus dem Speisezimmer bis in die Küche. Brunilla verdreht die Augen, aber es hilft nicht. Krug um Krug muss sie zu den Zechern hinüberschleppen.

»Komm mit«, wirft sie Marcus zu, als sie von einem ihrer Gänge zurückkehrt. »Der Centurio will dich sehen.«

»Wie ist die Stimmung?«, fragt er sie auf dem Weg.

»Ausgelassen«, ist ihre knappe Antwort. Sie möchte sich nicht anmerken lassen, dass sie Böses fürchtet.

Das Erste, was Marcus beim Eintreten auffällt, ist die weingeschwängerte Luft, die ihm entgegenschlägt. Er blinzelt gegen das trübe Licht der Öllampen und unterdrückt ein Husten. Als er sich in dem unzureichend erhellten Raum zurechtfindet, unterscheidet er gerötete Gesichter, die ihn erwartungsvoll von ihren Liegebetten anstarren. Er kennt die meisten vom Ansehen. Mehrere Centurionen der 4. Kohorte, den Wirt der Lagertaverne und Bulbus, den Usarius, den Bärenfänger. Einzig der Tribun schenkt ihm ein aufmunterndes Lächeln, während der Centurio bösartig blinzelt. Auf seinem Weg in die Mitte des Raumes rutscht Marcus beinahe auf einer Weinlache aus.

Brunilla eilt sich unterdessen, die Becher und Gläser nachzufüllen. Beim Verlassen des Raumes weicht sie geschickt den lüsternen Händen aus, die nach ihr grapschen.

Caedicius, die Vitis in der Hand, erhebt sich schwerfällig von seinem Ruhepolster und wankt auf Marcus zu. Mit der linken Hand schwenkt er etwas Rotes, was sich bei näherem Hinsehen als eine zusammengeballte phrygische Mütze entpuppt – das Symbol der Freigelassenen.

Marcus erinnert sich vage daran, dass es bei üppigen Gastmählern die Sitte gibt, einem verdienten Sklaven die Freiheit zu schenken. Offenbar möchte sich der Centurio einen Spaß mit ihm erlauben. Er ist kein Sklave, sondern ein Soldat, der dem Imperator in Rom Treue und Pflichterfüllung gelobt hat. Ekel, Scham und Abscheu steigen in ihm hoch.

»Liebe Gäste!« Caedicius rülpst, bevor er unter dem Gelächter der Zecher fortfährt. »Helft mir, über diesen aufsässigen Legionär zu richten.« Er wedelt mit der Kappe vor Marcus' Gesicht und hat Mühe, sich auf den Beinen zu halten. »Was soll seine Strafe sein? Vier Wochen Latrinendienst, ein Jahr Kalk brennen in der Silva Arduenna oder …« Kaeso macht eine theatralische Geste. »Oder soll ich ihn Bulbus schenken?«

»Kalkbrennen. Latrinen. In den Circus«, schallt es durch den Raum. Einzig der Tribun Valerius beteiligt sich nicht an der grotesken Szene. Ihm scheint der Auftritt des Centurios peinlich zu sein.

»Ich will ihn haben«, brüllt der stiernackige Bulbus und verschüttet dabei den Inhalt seines Bechers. Wie Blut rinnt es über das Polster der Kline auf den Boden.

»Das reicht, Kaeso!« Der Tribun schnellt von seinem Ruhebett und reißt seinem Untergebenen die Mütze aus der Hand. »So schwer war das Vergehen des Legionärs nicht. Lass es gut sein. Ihr habt euren Spaß gehabt.«

Der Centurio stiert seinen Vorgesetzten fassungslos an, besinnt sich aber rechtzeitig eines Besseren und schleicht an seinen Platz zurück.

»Ich werde ihn wie folgt bestrafen«, fährt der Tribun mit einem Zwinkern fort. Man sieht, dass er sich mühsam das Lachen verbeißen muss. »Der Legionär wird mich nach Aquis zu den heißen Quellen begleiten. Ich brauche jemanden, der mir dort für die Dauer meines Aufenthaltes zu Diensten ist. Das soll seine Strafe sein.« Er räuspert sich und denkt einen Augenblick nach. »Das Mädchen kommt ebenfalls mit. Sie hat sich verständig angestellt.«

Marcus ist selig, als er den Raum verlassen darf. Er verspricht Mars und Venus ein Dankopfer, weil sie sich seiner erbarmt haben. Es geht nach Hause zu seinem Vater. Der Tribun wird nichts dagegen haben, dass er bei der Ernte aushelfen wird. Er muss jetzt sofort zu Brunilla und ihr die frohe Botschaft überbringen.

Mit Historiker, Verlagsgründer und Römerspezialist Michael Kuhn in die Antike!

MARCUS

Marcus, ein Soldat der Spätantike, wird mit dem zweiten großen Franken- und Alamanneneinfall konfrontiert.

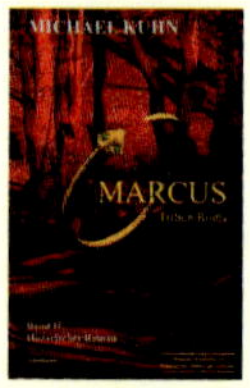

Marcus – Soldat Roms
Print: 978-3-9815774-1-9, 15,90 €
eBook: 978-3-945025-13-0, 12,99 €

Marcus – Tribun Roms
Print: 978-3-9815774-8-8, 15,90 €
eBook: 978-3-945025-14-7, 12,99 €

Marcus – Maximus Alamannicus
Print: 978-3-9815774-9-5, 15,90 €
eBook: 978-3-945025-15-4, 12,99 €

Inklusive Reiseführer zu historischen Stätten des Romans

Wir schreiben das Jahr 355 nach Christus. Wo die »Pax Romana« Jahrhunderte lang Sicherheit und Wohlstand garantiert hat, herrschen Chaos und Auflösung.

Seit Jahren setzen fränkische und alamannische Scharen über den Rhein und legen die römischen Provinzen Germaniens und Ostgalliens in Schutt und Asche. Um der Lage Herr zu werden, ernennt der Imperator Constantius II. seinen Vetter Julian zum Stellvertreter und Caesar des Westens. Der »Ungeliebte« soll das Unmögliche vollbringen und zieht von Mailand mit wenigen Getreuen nach Gallien, um ein schlagkräftiges Heer zu sammeln.

MARCELLUS

Marcellus‘ Nachfahre Marcus sieht das Erstarken des Merowingers Chlodwig und bewährt sich in der Schlacht von Zülpich.

Marcellus – der Merowinger
Print: 978-3-9812285-3-3, 21,90 €
eBook: 978-3-945025-25-3, 12,99 €

Marcellus – Graf von Arduena
Print: 978-3-9812285-6-4, 21,90 €
eBook: 978-3-945025-26-0, 12,99 €

Marcellus – Blutgericht
Print: 978-3-9815774-0-2, 21,90 €
eBook: 978-3-945025-27-7, 12,99 €

Inklusive Reiseführer zu historischen Stätten des Romans

Der Westen Europas 486 n. Chr. Die Strukturen des römischen Imperiums haben dem Druck von Völkerwanderung und inneren Krisen nicht standgehalten. An die Stelle der Imperatoren, Armeeführer und Statthalter sind Kriegsherren getreten, die sich einen Kampf um die Vorherrschaft liefern. Der junge Marcellus gerät zwischen die Fronten von Chlodwig und Sigibert.

Sextus Valerius — Varusgold

Ein politischer Thriller um Waffenschieberei und die Auswirkungen der Varus-Schlacht.

Inklusive Reiseführer zu historischen Stätten des Romans

Band I
Hardcover
ca. 464 Seiten
Print: 978-3-945025-07-9, 23,90 €
eBook: 978-3-945025-32-1, 12,99 €

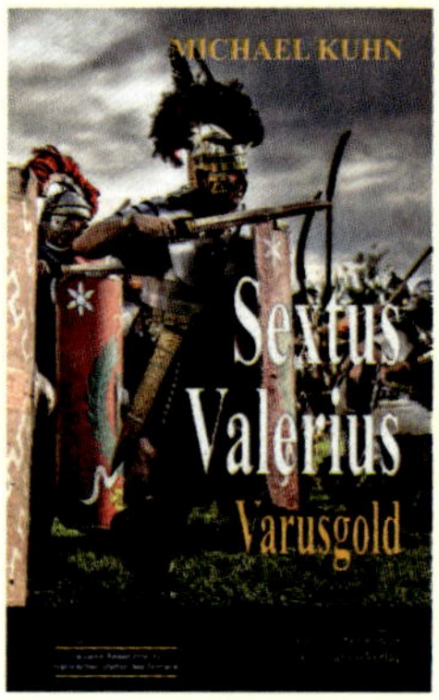

9 n. Chr. – Varus ist tot, seine Legionen sind vernichtet. Nur Wenige entgehen dem Tod auf dem Schlachtfeld. Dem jungen Optio Sextus Valerius gelingt es, auf die andere Rheinseite zurückzukehren. Doch die Vergangenheit lässt ihn nicht los: Sein Freund Lucius Poblicius profitiert als Kriegsgewinnler und Waffenschieber von der Niederlage und dem Gold des Varus. Ein Politthriller um die großen Fragen zu Beginn unserer Zeitreichnung.

Sextus Valerius — Ans Ende der Welt

Oktober 2017
Print: 978-3-945025-70-3, 23,90 €
eBook: 978-3-945025-71-0, 12,99 €

Inklusive Reiseführer zu historischen Stätten des Romans